从基础到突破
重塑商业逻辑

共享新零售

消费升级时代的零售创新路径

周高云　齐建朋　方水耀◎著

中国商业出版社

图书在版编目（CIP）数据

共享新零售：消费升级时代的零售创新路径 / 周高云，齐建朋，方水耀著. -- 北京：中国商业出版社，2019.7

ISBN 978-7-5208-0813-2

Ⅰ. ①共… Ⅱ. ①周… ②齐… ③方… Ⅲ. ①零售业—研究 Ⅳ. ① F713.32

中国版本图书馆 CIP 数据核字（2019）第 125816 号

责任编辑：黄世嘉

中国商业出版社出版发行
010-63180647　www.c-cbook.com
（100053　北京广安门内报国寺 1 号）
新华书店经销
三河市天润建兴印务有限公司印刷

*

710 毫米 ×1000 毫米　16 开　15 印张　220 千字
2019 年 7 月第 1 版　2019 年 7 月第 1 次印刷
定价：58.00 元

****

（如有印装质量问题可更换）

2016年的云栖大会上,阿里巴巴董事长马云在描述对未来与创新的看法时,首次提出了新零售的概念,并表示纯电商时代已经成为过去,由线上与线下零售深入融合,再加上现代物流,以及服务商通过大数据、云计算等创新技术构成的新零售才是未来。

当时有很多人质疑马云的新零售观点,质疑者认为这是阿里受制于流量成本的不断攀升、电商增速逐渐趋缓,利用炒作新概念博人眼球罢了。但随后阿里、京东、苏宁、国美、沃尔玛、亚马逊等国内外零售巨头在新零售领域的疯狂布局,让外界意识到新零售时代的序幕已经正式开启了,不主动拥抱变化,将会被淘汰出局。

新消费时代,微谷共享系统创始人高云老师说:"供需关系的转变使越来越多的企业开始回归'企业价值获取应该建立在为用户创造价值基础之上'的商业本质。消费升级背景下,产品不但要满足功能、性价比、实用性、耐用性等基本需求,还要满足更高层次的归属感、认同感、趣味性等情感与精神需求,让人们在购买及使用时,能够获得极致的用户体验。这种情况下,向重构'人、货、场'三大零售核心要素的新零售模式转型,就成为企业迎合消费需求的必然选择。"

移动互联网、物联网、AR/VR、人工智能、5G等新一代信息技术的广泛应用，使虚拟和现实之间的边界变得愈发模糊，共享资源开始普及。世界的发展充满了各种新意与速度感，在一批批时代弄潮儿的积极探索下，新零售玩法大量涌现，为创业者及企业瓜分市场蛋糕提供了更多的新思路。

社区商业的崛起，为社区零售模式的落地奠定了坚实基础。社区新零售模式强调，积极运用新一代信息技术对社区零售进行改造升级，强化供应链管理能力，实施集约化配送，开展智慧营销、智慧经营；转变思维模式，以平台模式整合共享内部及外部的优质资源，打造一个综合性的开放平台；跨界融合，完善配套功能及服务，为居民提供集购物、娱乐、社交、餐饮、教育、美容为一体的一站式本地化生活解决方案。

在降低成本、提高效率方面具有明显优势的无人便利店，也值得我们期待。作为一种典型的新零售新兴业态，无人便利店充满了科技感、时尚感、体验感，可以解决排队结算、人力成本快速增长等痛点，提供"7×24"小时的极致便民服务。虽然目前无人便利店业态尚处于初级发展阶段，在技术、供应链、管理运营等方面存在很多问题，但在缤果盒子、F5未来商店等行业先行者的积极探索下，这些问题的解决只不过是时间问题。

近两年，整合了实体渠道、电商渠道及移动电商渠道的全渠道零售模式成为企业界关注的焦点。线下渠道可以让人们直接体验商品，并享受售后服务，而线上渠道能够为用户提供更为全面系统的相关信息，向其他用户咨询建议，领取代金券、优惠券等。

从用户需求角度看，人们在购物过程中，咨询、交易、支付、评论等环节并非局限于某个单一渠道。比如，人们可以在天猫、京东等电商平台了解商品，并向客服人员咨询，然后前往线下体验店体验商品，之后通过扫描二维码领取优惠券并下单、支付，等待配送人员送货上门后再评论。而全渠道零售模式将充分迎合这种新的购物特征。

在大数据、物联网、VR/AR 等技术的支撑下，智慧零售及 VR/AR 零售具备了广阔的想象空间。这种融合了多项新科技的新零售共享玩法在购物场景改造方面的价值，业内人士给予了高度评价：一方面，利用大数据、传感器、物联网等技术可以让零售企业实时分析目标用户所处场景及消费需求，从而推送相应的产品及服务；另一方面，应用 VR/AR 等技术可以为用户创造场景，让用户足不出户就能近乎真实般地和朋友逛商店，并体验各种产品及服务。

网红电商作为新零售和网红经济碰撞融合的产物，为网红经济打破变现困境提供了有效途径。网红在引流方面具有明显优势，但价值变现问题却始终未能得到有效解决，平台向网红支付天价签约费的发展模式显然是不可持续的，而通过将网红与电商相结合，由网红为产品及品牌提供信任背书，可以促成更多的交易购买。而且网红的粉丝在某些方面具有一定的共性，企业可以针对这种共性为其定制开发产品及服务，满足其个性化需求，实现网红、粉丝及企业的多方共赢。

从盒马鲜生、星家加、Zara、Target、7 天好闺蜜、奥丽侬、梧桐本色、爱戴·爱美、华迈净水机、茵蔚服饰、亲感觉、奥尔黛丝、怡兰芬少女内衣、缪斯的诱惑、纤姿蒂、安尔娜等诸多新零售探索项目的实际发展情况来看，要想在新零售风口中分一杯羹，绝非是一件简单的事情，即便有消费升级与资本加持助力，从传统零售转变到新零售也还有很长的一段路要走。技术、模式、物流等基础设施的限制，消费习惯培养等方面的壁垒，注定了企业转型新零售会是一项长期而复杂的系统工程。

鉴于此，作为新零售观察者、研究者及实践者——微谷共享的高云老师、建朋老师，将多年的思考与分析进行了深入总结，在考察分析大量实践案例及自身从业经验的基础上，创作了《共享新零售：消费升级时代的零售创新路径》一书，

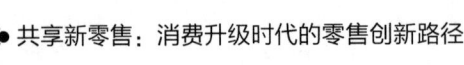

冀望能够给读者、创业者以及便利店、商超百货、电商企业、互联网企业等提供一些指导与帮助。

本书共分为新零售变革、社区新零售、无人便利店、全渠道零售、智慧零售、VR/AR 零售、网红电商、沃尔玛转型新零售等八大部分，对新零售模式的内涵、阻碍因素、增长逻辑，以及企业转型新零售的市场定位、切入点选择、战略规划、实施方案等进行了全方位、立体化的深入分析，为创业者及企业提供了一套行之有效的新零售落地方案。

在新零售崛起的产业大变革时代，面对日益激烈而复杂的竞争环境，所有企业都需要找到自己脚下的位置，积极拥抱变革。同时，避免盲目布局，结合当前的发展现状与目标用户需求，探索真正适合自身的新零售转型之路，确保企业的持续稳定健康发展。

周高云　齐建朋　方水耀

2019 年 1 月 20 日

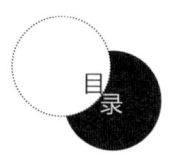

第1章 新零售：一场成本、效率与体验的战争 // 1

1.1 新零售：消费升级时代的零售新变革 // 2
1.1.1 技术与消费驱动下的新零售崛起 // 2
1.1.2 新零售区别于传统零售的新特点 // 6
1.1.3 新零售企业未来的发展竞争策略 // 10
1.1.4 新零售时代营销策略的演变过程 // 14

1.2 "互联网+流通"下的新零售赋能 // 18
1.2.1 赋能1：新零售引领流通产业变革 // 18
1.2.2 赋能2：构建互利共赢的零售生态 // 21
1.2.3 赋能3：实现个性化与定制化生产 // 23
1.2.4 赋能4：助推新一轮消费结构升级 // 25
1.2.5 赋能5：培育我国经济发展新动能 // 28

1.3 新零售环境下传统实体店运营路径 // 30
1.3.1 突破产品思维，注重用户思维导向 // 30
1.3.2 重构信息系统，提升企业运营效率 // 33
1.3.3 完善渠道建设，聚焦线上流量获取 // 35
1.3.4 实现品质升级，满足个性消费需求 // 37
1.3.5 重塑门店价值，构建场景生态体验 // 40

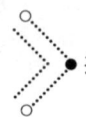

共享新零售：消费升级时代的零售创新路径

第2章 社区新零售：构建智慧社区服务生态圈 // 43

2.1 社区新零售：重构社区商业的价值 // 44
- 2.1.1 重新审视社区商业的定位与价值 // 44
- 2.1.2 新零售时代的社区商业转型思考 // 46
- 2.1.3 创业法则：掘金社区新零售蓝海 // 47
- 2.1.4 盒马鲜生：社区新零售运作模式 // 50

2.2 社区O2O：构建智慧社区解决方案 // 53
- 2.2.1 揭示社区新零售特征与运作模式 // 53
- 2.2.2 社区O2O：打造社区零售生态圈 // 57
- 2.2.3 社区新体验：解决社区消费痛点 // 58

2.3 案例解读：星家加的社区新零售实践 // 60
- 2.3.1 星家加：开启智慧社区零售模式 // 60
- 2.3.2 全面打通融合线上线下消费场景 // 62
- 2.3.3 基于社群的社区电商运营新玩法 // 63

第3章 无人便利店：资本驱动下的零售新拐点 // 67

3.1 无人便利店：从概念到现实的回归 // 68
- 3.1.1 无人便利店模式崛起的主要因素 // 68
- 3.1.2 无人便利店竞争发展的三个阶段 // 70
- 3.1.3 零售的进化：占领高频消费场景 // 72
- 3.1.4 大数据驱动：无人便利店的核心 // 74

3.2 无人便利店的运营模式与落地策略 // 76
- 3.2.1 国内无人便利店的六大运营模式 // 76
- 3.2.2 无人便利店面临的挑战及其影响 // 78

3.2.3 无人便利店模式落地的四大关键 // 80

第4章 全渠道零售：以消费者为核心的渠道整合 // 83

4.1 全渠道战略：线上线下的深度融合 // 84
    4.1.1 全渠道：电商与实体的无缝对接 // 84
    4.1.2 渠道之变：零售发展的四个阶段 // 86
    4.1.3 企业实施全渠道战略的障碍因素 // 88

4.2 企业构建全渠道零售的战略路径 // 91
    4.2.1 为消费者提供无缝化的购物体验 // 91
    4.2.2 基于全渠道战略的组织优化变革 // 93
    4.2.3 精准营销：打造智能化 CRM 系统 // 95

4.3 案例实战：国美全渠道战略转型之道 // 98
    4.3.1 国美网上商城的三个发展阶段 // 98
    4.3.2 变革组织架构，整合渠道资源 // 101
    4.3.3 国美"店网一体化"运营策略 // 102
    4.3.4 国美全渠道转型的借鉴与启示 // 105
    4.3.5 4P 营销：打造一体化营销战略 // 108
    4.3.6 国美与苏宁全渠道转型的比较 // 112

第5章 智慧零售：新经济时代的零售转型升级 // 115

5.1 大数据零售：开启数字化零售时代 // 116
    5.1.1 大数据在企业运营中的七大应用 // 116
    5.1.2 数字零售：大数据赋能零售商业 // 119

5.1.3　ZARA：大数据时代的精细化运营　// 121

5.1.4　Target：基于大数据的个性化营销　// 124

5.2　物联网零售：引领零售智能化转型　// 125

5.2.1　借助物联网技术，提升店铺利润　// 125

5.2.2　构建数字化商店，实现精准运营　// 127

5.2.3　增进与顾客交互，改善客户体验　// 129

5.2.4　基于物联网的可视化供应链系统　// 130

5.3　场景零售：重塑线下场景消费生态　// 132

5.3.1　场景零售：打破线上线下的边界　// 132

5.3.2　消费场景发现、创造与深度运营　// 134

5.3.3　基于社交购物场景下的用户体验　// 137

5.3.4　智慧空间：有效提升用户信任度　// 139

第6章　VR/AR 零售：重塑未来零售产业新图景　// 143

6.1　VR 零售：构建沉浸式场景消费体验　// 144

6.1.1　VR 购物：技术驱动的零售新体验　// 144

6.1.2　VR 新零售：虚拟和现实深度融合　// 146

6.1.3　零售企业掘金 VR 购物模式的思考　// 149

6.1.4　阿里 VR 战略：全新的零售生态圈　// 151

6.2　AR 零售：满足消费者的个性化需求　// 153

6.2.1　新战场：AR 技术在商业中的应用　// 153

6.2.2　为用户制定科学合理的购物决策　// 155

6.2.3　借助 AR 技术解决电商购物的痛点　// 157

6.2.4　AR 购物场景应用需要解决的问题　// 159

第7章 网红电商：新零售时代的网红商业变现 // 161

7.1 网红电商：网红经济重塑电商生态 // 162
- 7.1.1 网红经济：获取流量的最佳渠道 // 162
- 7.1.2 整合资源：拓展电商的销售渠道 // 164
- 7.1.3 网红营销：打造网红自身影响力 // 168
- 7.1.4 快速吸粉：粉丝流量的商业变现 // 169

7.2 直播电商：引流、转化与变现技巧 // 172
- 7.2.1 直播电商：网红新零售的突破口 // 172
- 7.2.2 直播电商模式崛起的内在驱动力 // 175
- 7.2.3 优势：有效解决用户的购物痛点 // 177
- 7.2.4 适合直播电商销售的产品有哪些 // 179
- 7.2.5 如何提升直播电商的营销转化率 // 181

7.3 案例解读：如涵电商的实践启示 // 183
- 7.3.1 基于网红孵化器的电商销售平台 // 183
- 7.3.2 实践路径：如涵电商的运营策略 // 185
- 7.3.3 风险防范：电商运营注意的问题 // 186

第8章 新零售背景下，沃尔玛的零售进阶之路 // 189

8.1 转型变革：沃尔玛的新零售发展路径 // 190
- 8.1.1 互联网商业时代的沃尔玛变革 // 190
- 8.1.2 电商冲击下的沃尔玛应对策略 // 192
- 8.1.3 沃尔玛如何玩转全渠道O2O // 194
- 8.1.4 基于大数据算法的个性化零售 // 198
- 8.1.5 沃尔玛的社交大数据解决方案 // 201

8.2 沃尔玛&京东：结盟背后的意图与野心 // 204
    8.2.1 沃尔玛与京东战略合作的解读 // 204
    8.2.2 从两者联姻看京东的战略布局 // 206
    8.2.3 从两者联姻看沃尔玛O2O战略 // 209

8.3 竞争战略：沃尔玛的差异化经营策略 // 211
    8.3.1 经营策略1：差异化的零售价格 // 211
    8.3.2 经营策略2：差异化的销售服务 // 213
    8.3.3 经营策略3：差异化的企业文化 // 215
    8.3.4 经营策略4：差异化的商业科技 // 218

微名录 // 221

后记 // 223

第1章

> 新零售：一场成本、效率与体验的战争

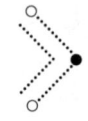
共享新零售：消费升级时代的零售创新路径

1.1 新零售：消费升级时代的零售新变革

1.1.1 技术与消费驱动下的新零售崛起

随着国民经济快速发展以及消费持续升级，零售业增长势头颇为良好，产业规模稳定增长，涌现出了一系列新兴业态，网络零售爆发出了惊人能量。新零售拥有庞大的人口基数，决定了未来我国零售业仍有广阔的增长空间。在全球经济持续低迷，我国经济进入新常态局面下，如何推动我国零售业的持续稳定增长，确保其在中国经济乃至世界经济发展过程中发挥重要作用，是我国亟须解决的一个重要问题。

自马云提出新零售、高云抛出共享新零售的概念至今，与其相关的话题讨论层出不穷，新零售将成为零售业的主流趋势。经过几年的探索实践，新零售已经达成业界共识，研究新零售的内涵、特征、增长逻辑，并探索发展新零售的实践路径，对促进我国零售业的转型升级，为我国经济发展增添新动能无疑具有十分重要的价值。

阿里集团 CEO 张勇在 2016 年"双 11"期间回答关于新零售的问题时表示，新零售是一种借助大数据和互联网进行重构商业要素的全新商业业态。

而马云在 2017 年 4 月举行的 IT 领袖峰会上发言时指出，未来的新零售不仅是实体零售与网络零售融合，还包括智慧物流，以及应用大数据、云计算等高科技技术的各类服务商的参与。而从宏观背景来看，新零售的出现，很大程度上是技术升级和消费升级"双升"驱动造成的。

第1章
新零售：一场成本、效率与体验的战争

1. 技术升级为新零售提供发动机

云、网、端成为"互联网+"时代的全新基础设施，其分别对应着云计算及大数据、互联网及物联网、PC及移动终端，这就使新零售落地具备了现实基础。纵观零售业发展历程，零售企业通过数据加强和消费者之间的交互，应用信息技术促使消费者更为深入地参与到商业活动之中是主流发展趋势。

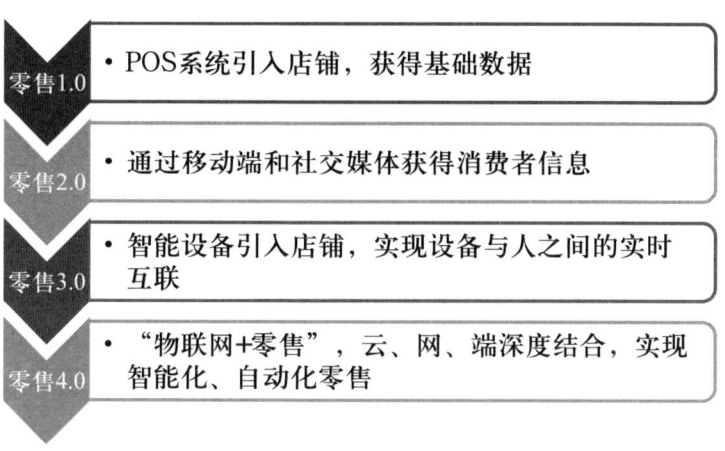

图1-1 从零售1.0到零售4.0

（1）第一阶段是POS系统被引入线下门店，为零售商积累了销售、价格等方面的数据，逐渐诞生了会员体系。

（2）第二阶段是互联网的应用，使零售商能够通过各种媒体和消费者对接的同时，获取大量的用户数据。

（3）第三阶段是GPS、虚拟现实、大数据、云计算、物联网、人工智能等高科技技术的应用，使线下场景得到了极大的丰富，通过向消费者随身携带的移动设备发送信息并进行交互成为可能。

（4）第四阶段是基于远程无线技术建立的物联网，实现向相关系统及终端用

户的实时信息传播，这使零售商可以通过智能设备连接身处各种场景的消费者，从而获取零售系统及消费者数据，并通过自动化、智能化系统实现智能决策。

现阶段，我国零售业正处于从第二阶段向第三阶段转型，一些专业的第三方服务商可以为零售企业提供完善的"互联网+"解决方案，通过 i-Beacon 应用和 Wi-Fi 实现对用户场景的精准定位，并借助传感器、NFC 等技术，对消费者的购物轨迹进行全程追踪。

随着物联网技术不断发展，以及其在零售业的广泛应用，将迎来"物联网+零售"阶段，零售行业的覆盖范围将得到进一步扩大，企业将获得更为广阔的发展空间。天猫、京东等新零售平台，通过充分发挥其在大数据、云计算、物联网、人工智能等新一代信息技术方面的强大实力，和供应商、品牌商、服务商、渠道商等零售产业链参与主体合作，探索智能化、智慧化零售，提高合作伙伴的经营水平与经营效率，给消费者带来更为优质的购物体验。

2. 消费升级为新零售增强牵引力

奥丽侬集团何炳祥先生说："人们的收入水平不断提升，消费升级成为主流趋势，交易主导权回归用户。"激烈而残酷的市场竞争，要求企业必须和消费者的个性化需求精准匹配，这也导致零售转型升级显得愈发迫切。

快速崛起的"80后""90后"以及"00后"渐成新一代消费主体，他们具有更强的消费意愿，对商品质量与服务体验更为重视，热衷于享受品质生活，制定消费决策时，不再一味地强调价格、耐用性。个性化消费快速崛起，使商家和消费者同时受益的预售定制模式得到了人们的认可与青睐。高云老师说："新消费时代背景下，产品不仅要满足使用需求，还要满足情感、心理等更高层次的精神需求。"

人们的个性化消费特征可以概括为三点：一是强调精神需求满足，如趣味性、荣誉感；二是商品本身的质量要求，如更为安全、抗冲击、人性化等；三是体现一定的文化内涵，如审美价值、艺术价值等。多样化也是消费的一大特性，它在两个方面得到体现：一方面，个体消费需求十分多元化；另一方面，同一个体在不同场景中的消费有所差异。在此基础上，我们可以将新时代的消费需求特征总结为：个体性、情感性、差异性、多元化及动态变化。

3. 零售本质未变

零售是一种向最终消费者直接销售商品和服务的商业活动，能够更好地满足双方交易需求。

（1）新零售保持了交易内核

新零售并未使零售的本质发生变化，它仍扮演着商业中介的角色，促进供需动态平衡，提高交易效率，降低交易成本，以更为优质的产品及服务、更低的价格、更快捷的方式，满足广大民众的消费需求。阿里研究院指出，新零售强调以用户为导向，无限逼近消费者内心，同时，重塑价值链，使企业内部及企业间的流通成本无限趋近于零。从这一角度上，我们可以将新零售的特征总结为"共享社会资源，满足用户需求，降低交易成本"。

（2）新零售导入了多维创新

商品交易过程中会出现交易主体、客体、载体、商业关系等多种内容，如果具体到零售交易领域，将分别对应零售活动参与主体、零售活动产出、零售活动基础设施，以及零售组织和供应链合作伙伴、竞争对手及消费者间的关系。

"传统零售及传统电商进行的创新，更多的是对某一环节进行革新，是零售技术突破和消费升级影响下的业态创新。"梧桐本色创始人刘建新这样说。

在不同的发展阶段，新零售创新的表现形式有明显差异。如目前是跨界融合，未来可能将变为不存在边界；现阶段是数据驱动，未来将变为由人工智能驱动；现阶段是强调服务质量，未来可能会强调体验。

零售业变革越来越频繁，新零售内涵愈发丰富，以至于我们很难给出新零售的明确定义，只能用一个相对宽泛的概念对其进行阐述，即新零售是以用户为导向，受技术创新与消费升级驱动，为了提升效率、降低成本，对要素进行全面革新的商品交易方式。

1.1.2　新零售区别于传统零售的新特点

微谷营销在对大量新零售实践案例进行深入分析的基础上，找到新零售的五大特点。

图 1-2　新零售的五大特点

1. 零售主体的新角色

缪斯的诱惑董事长颜伟鸿先生曾说过："在新零售模式中，零售主体增加了组织者和服务者两种新角色。而在传统零售活动中，绝大部分的零售商是一种商品交易的媒介，扮演着中介角色，它们向供应商采购商品，向最终消费者销售商品，赚取中间的差价。虽然部分零售商通过互联网采购并销售商品，但这没有使其传统零售本质发生变化。"

随着零售业的不断发展，催生出了采用联营模式的百货店和购物中心，它们不具备经销职能，只是为品牌商和消费者提供一种进行交易的平台，从双方的交易中抽取一定的提成。

而新零售模式中，技术及模式创新使零售主体扮演的角色发生改变。以天猫为例，天猫不仅是简单的供需双方对接的中介，它还负责组织商品交易活动及商务关系，并提供营销、售后保障等各种服务。

从消费者角度来看，天猫等新零售平台融入其生活之中，深入分析用户消费需求，并提供了满足这些需求的商品及服务，是广大用户的组织者和采购者。

从供应商角度来看，天猫等新零售平台充分发挥其数据优势，分析用户的个性化消费需求并预测消费趋势，从而融入供应商价值链之中，帮助供应商更为科学合理地制定研发、定价、营销、库存等计划，是供应商的服务者。

新零售模式中，确保商品交易活动高效低成本开展仅是零售主体的部分工作，天猫等新零售平台还要充分利用自身积累的海量数据资源，以及结合了大数据、云计算、人工智能等新一代信息技术，为产业链的各个参与主体提供优质而完善的服务。

2. 零售产出的新内容

新零售模式中，零售产出有了新的内容，使零售商和消费者进行实时互动交流，带来了多元化的购物场景体验，并为零售企业提供消费数据服务。零售产出不仅包括产品，还包括各类服务。在传统零售交易活动中，供需双方仅是简单的交易关系，商品居于主导地位，零售商会尽可能地压低进价、抬高卖价。

而进入新零售时代，零售产出的内容更为丰富，一方面，零售商的分销服务是零售产出的核心内容，零售商不再仅是销售商品，还要为消费者提供优质服务，用户体验受到了零售商的高度重视，双方也不再只是交易关系，而是互惠共赢的合作伙伴，通过移动互联网实现无缝对接。

另一方面，线下与线上、实体与虚拟渠道的深度融合赋予了零售产出更多的新内容。天猫等新零售平台进行商品、用户及门店数字化，创新选品、下单、支付、配送等服务，为消费者创造了线上线下深度融合的全新购物模式，对提高用户体验、促进口碑传播有十分良好的效果。

此外，为供应商提供基于数据分析的供应链服务也是零售产出的新内容。传统零售产出仅面向最终消费者，而新零售模式的零售产出则面向零售产业链的所有参与者，通过对用户数据进行分析，企业可以为其描绘立体化的用户画像，更为精准地为用户推荐商品及服务，并将数据分析结果提供给生产商、品牌商、经销商、物流服务商等，帮助其提高经营管理水平，降低成本，显著提升产业链的价值创造能力。

3. 零售组织的新形态

新零售模式中，催生了复合型、集合型、实现实时购买等一系列新兴经营形态。零售组织的经营形态是影响零售业态的核心因素，而零售业态的变革历程，也是零售组织持续对构成经营形态的商品、服务、场景等要素进行优化调整的过程。

零售要素的数字化、智能化，是新零售的一大主流趋势，也是零售业态转型升级的重要推动力量。零售商借助大数据、云计算等新一代信息技术，更为精准、实时地获取用户需求，并基于分析结果对零售构成要素进行进一步的优化调整，催生出了更多的新型经营业态。

以盒马鲜生为例，盒马鲜生的组织经营形态摆脱了将商品作为组织起点的传统思维，从消费者的个性化需求切入，围绕用户需求进行经营业态构成要素的优化调整，从而使零售商进行经营形态创新拥有了更为广阔的探索空间，能够低成本、高效率地满足人们个性化、多元化、动态变化的消费需求。

4. 零售活动的新关系

娅筑、姿篇创始人刘蝶先生分享："我们可以将新零售模式中的商业关系理解为一种供需无缝对接的社交关系。"

在传统零售模式中，零售产业链的各参与主体更多的仅是交易关系，每个参与主体都为了追求自身利益最大化，而和其他参与主体处于一种对立状态，即便是合作关系较为紧密的供应商和零售商之间也存在一系列的利益纠葛。从原料采购到产品生产，再到渠道分销及终端销售，层层压榨，产品流通效率低下，成本大幅度增长。

而在新零售模式中，零售商可以为消费者及供应链合作伙伴提供更多的优质服务，使零售交易活动参与主体建立起合作共赢、互惠互利的利益共同体关系。行业竞争从企业之争上升为供应链之争，生产商、供应商、渠道商、零售商、物流企业抱团取暖，构建强大的竞争壁垒成为一种主流趋势。

与此同时，零售商和消费者进行实时互动交流，通过打造丰富多元的线上线下购物场景融入其生活之中，和消费者建立起深度互动的社群关系，能够快速了解其需求变化，并及时引导供应链合作伙伴提供相应的产品与服务。

5. 零售经营的新理念

新零售模式中，零售经营回归本质，将商业价值获取建立在为用户创造价值的基础之上。之所以零售经营理念会发生这种变化，很大程度上是因为供求关系的变化，在需求远大于供给的传统工业时代，生产商拥有极高的话语权，零售商发展壮大的关键在于能够和具备较高生产能力的供应商合作，确保长期稳定供货。

科技及制造业的快速发展，使大规模批量生产成为主流，供给量超过需求量，优质流通渠道扮演的角色愈发关键。此时，零售商取得成功的关键在于，对自身进行快速复制，铺设线上线下各种渠道，投入大量资本实现规模经济。

随着各行业产能过剩问题愈发突出，供给量远远超过需求量，消费者获得交易主导权，迎合消费者的个性化需求成为企业运营发展的关键所在。从这一角度来看，转型新零售模式也是消费者主权时代企业顺应时代发展的必然选择。

新零售模式以用户需求为中心，对零售要素的重构，以及高科技技术的应用，是为了能够更为全面地把握用户需求，和消费者实现无缝对接，从而为其创造更多的价值。以人为本，满足用户需求，是组织商业活动的出发点，也是所有零售企业应该坚持的新经营理念。

1.1.3 新零售企业未来的发展竞争策略

纤姿蒂创始人吴国华先生曾说过："国内零售业经过长时间的沉淀，开辟出'新零售'的发展道路，为互联网时代下的商业发展指明了道路。在'新零售'发展过程中，以天猫为代表的电商平台起到了良好的示范作用。如今，新零售呈现出迅猛发展的姿态，开始在世界经济格局中占据重要地位。在今后的发展过程中，要提高对新零售的重视程度，为其发展提供正确的方向保证，在此基础上提高新零售企业发展的持续性。"

第1章
新零售：一场成本、效率与体验的战争

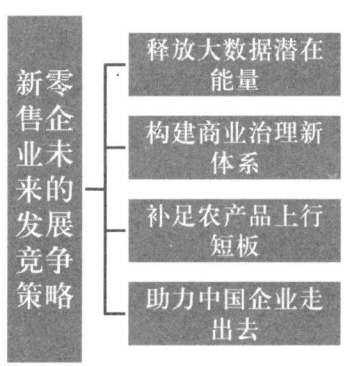

图 1-3　新零售企业未来的发展竞争策略

1. 释放大数据潜在能量

数字经济时代已经到来，在这样的时代背景下，大数据技术的普遍应用能够促进消费结构的变革，加速社会流通的运转。近年来，互联网在零售行业的渗透作用不断加强，数据资源及相关技术在零售行业的改革发展过程中发挥着重要作用。然而，国内零售行业对大数据的应用尚未进入成熟时期，很多线下传统零售业仍然固守传统运营模式。

面临新的时代背景及市场环境，零售业需要运用大数据统计与分析技术，对市场变化及其未来走向进行分析，准确掌握消费者需求，据此为企业的产品研发、生产、营销等环节提供精准的信息参考，并提升用户体验。

以天猫为代表的电商平台率先在大数据领域展开了布局，这些平台在发展新零售的过程中，应该聚焦于大数据产品的研发与推出上，积极与政府部门及相关企业达成合作关系，实现彼此之间的信息共享，应用大数据统计与分析技术，科学预测市场变化趋势，促使国内零售业根据时代要求进行数字化改革，推动传统零售业的转型升级，从供应链的角度出发，以零售环节为切入点实施供给侧改革，加速社会流通的运转，积极促进产业革新。

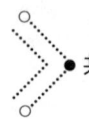

在此期间，要发挥实力型企业的带动作用，加快建立统一的零售企业信息标准，加强企业之间的合作关系，制定行业规范标准，实现产业链上各个环节之间的信息共享，提高数据资源的利用率。

2．构建商业治理新体系

华迈净水机"0"元购创始人李剑平先生说："在发展新零售的过程中，企业能够将不同渠道、不同环节的数据资源整合起来，利用大数据技术为用户消费提供便利，与此同时，企业还能及时了解货品流通状态，在此基础上优化自身的运营。"

加快电子商务信用体系的建设进程，注重对经济参与者的监管，提高企业的风险抵御能力，减少企业在经营及发展过程中承担的风险，带动我国整个社会的信用体系建设及推行。

为了减少大数据售假现象，实力型电商企业应该运用先进技术手段进行专项治理，加强对货品流通过程的管理。与此同时，要积极配合政府相关部门的工作，促进市场自律机制的建设，发挥相关部门的监管作用。

注重提高产品质量，为产品质量信息的共享提供平台支持，通过机制建设促进信息的流通，将存在信誉问题的企业记录在案，并在行业内进行公布。完善相关制度的建设，在发现产品质量问题后，将相关信息披露给零售企业及相关部门，避免假冒伪劣产品广泛流通于市场，对违规企业进行法律制裁。

另外，要利用大数据技术对消费者的行为数据进行获取与分析，提高电子支付方式的普及率，逐渐转变用户的传统消费理念。加强诚信建设，倡导信用消费，使诚信文化深入到人们日常生活的方方面面，为社会诚信体系的建立及实施提供制度保障。

3. 补足农产品上行短板

要促进农产品的产业化发展，就要对传统农产品供应链体系进行改革。新零售能够实现不同渠道之间的无缝对接，为农产品的产业化发展提供支持。近年来，快速发展的智能物流、物联网技术，都给农产品供应链的改革提供了驱动力。传统模式下，生产者只能根据自身经验决定农业生产，大数据的应用为农业生产提供了准确的信息参考，能够颠覆传统农业生产模式，使农业生产更加科学、健康。

在发展过程中，平台企业应该聚焦于模式创新与先进技术手段的应用，通过发展新零售，在农产品流通环节推行数字化技术，促进该领域的供给侧改革，在为消费者提供优质农产品的同时，增加农民的经济收入，依托电商平台促进农产品的产业化发展。

另外，要突破传统经营理念的束缚，充分利用线上企业的资源优势，推动传统农产品企业与互联网的结合发展，实现农产品资源的近距离调度，提高农产品运输、配送的效率，对传统的农产品流通模式进行改革，更好地满足人们的消费需求。

4. 助力中国企业走出去

我国提出的"一带一路"倡议得到了世界范围内多个国家的认同与支持。该战略的实施，能够提高我国的开放程度，促进国内流通企业及产品的国际化发展。传统模式下，中国对外贸易的优势集中体现于规模大、成本低。如今，这些传统优势已经不再明显，为了助力中国企业"走出去"，就要拓宽大数据技术的应用范围，促进传统进出口贸易企业的互联网化转型，提高企业发展的智能化、信息化、现代化水平。

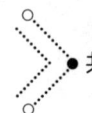

国内企业在向国际化市场进军的过程中,应该利用大数据做好产品需求、国际市场需求、消费习惯变化等方面的市场调查与数据分析工作,对跨境电商平台的数据资源进行价值挖掘。为此,电商巨头应该注重对国际市场消费数据的获取与分析,对国外消费者的行为习惯及特征进行把握,为管理部门制定规划提供数据参考,通过大数据技术的应用,推动我国流通企业及本地产品的国际化发展。

1.1.4 新零售时代营销策略的演变过程

随着移动人口红利逐渐消失,电商要想实现持续发展必须寻找增量,在这种情况下,潜藏着巨大增量的线下零售进入了广大电商的视野。于是,越来越多的电商开始向线下延伸,通过发展线下业务、对自身业务进行改造升级来激活存量市场,反哺线上,推动线上实现内增长。在此环境下,新零售受到了广泛关注。之所以说线下零售市场潜藏着巨大的市场增量,是因为其在中国零售总额中占据了近85%的市场份额。

在新零售概念的影响下,再加上互联网思维的深度融合,大数据、移动支付等技术的不断发展,线下零售价值得以重塑,传统的人、货、场关系被彻底颠覆,发生了巨大变化。

亲感觉·热拉提3D美臀裤创始人高明宝先生分享:"纵观我国零售业的发展历程可发现,每个时期的零售业都有与之相应的、独具时代特色的营销理论与营销策略。当然,新零售时代也有与之相应的营销理论与营销策略,值得我们深入思考。"

1. 第一零售时期:以"场"为核心的4P策略

20世纪60年代,美国营销学教授麦卡锡提出了"4P营销组织策略"。"4P"

第1章
新零售：一场成本、效率与体验的战争

指的是 Product（产品）、Price（价格）、Place（场所或渠道）、Promotion（促销），这一理论的提出对市场营销理论与实践产生了巨大影响。在这个时期，商品种类不太丰富，在国内市场上大型百货商店是商品、货品的主要集聚地，场所是人与货物连接的主要纽带。于是，在这一时期的营销工作中，"4P"中的 Place 就成了重点。

2. 第二零售时期：以"人"为核心的4C策略

在改革开放成果不断显现，中国城市化建设取得了巨大成就的背景下，国民生活水平不断提升，商品种类及数量不断增加，消费需求愈发旺盛，使我国零售终端数量有了大幅增长。便利店、购物中心、大型超市疯狂崛起，一边为消费者提供了多样化的购物选择，一边给用户提供了更广泛的"场"的选择。近年来，电商的崛起与发展也为消费者提供了一个新的互联网购物渠道。

随着"场"逐渐丰富，商家基本上都将营销重点放在了客流量考核方面，营销策略也从"4P"理论转变成了"4C"理论。"4C"理论指的是便利（Convenience）、消费者（Consumer）、沟通（Communication）、成本（Cost）。

由此可见，在第二零售阶段，为了增加客流量，商场都加强了对消费者的洞察，并用各种公关手段建立口碑，为消费者提供班车或送货上门等服务。当然，商家要为这些行为付出"购买成本"，不仅使自己的营销成本不断增加，与消费者之间共赢关系也变得难以维持。再加上营销思路比较单一，使得商家竞争变得无可称道。

3. 新零售时代"4E"营销策略：人、货、场互相交互

近年来，电子商务实现了迅猛发展，"场"的空间限制被打破，消费者可随时随地下单。再加上移动互联网、人工智能、大数据、智能硬件等互联网技术的

迅猛发展，商家开始想方设法打破网站场景限制与线下场所空间限制，推动消费进一步升级，将随时随地下单变成随心随性购买，这一目标的实现代表着新零售时代的到来。

那么到底在新零售时代，商家要遵循何种营销理念，采取何种营销策略呢？

我认为，在新零售时代，营销要做到1个核心、1个基础、4个营销策略。其中，1个核心指的是以人为核心，1个基础指的是以数字化为基础，4个营销策略指的是场景（Scene）、体验（Experience）、效率（Efficient）、效益（Earning）。商家要想践行这一营销策略，就必须利用科技与数据将消费者、商品与场景连接起来。

（1）场景

商家要想做好新零售，首先要构建起多元化的"场景"，将手机变成人类感知的延伸，将用户看到的场景与用户内心感受融合在一起，促使转化效率实现最大化。过去，无论是实体零售商还是电商，其场景都比较单一，无法将消费者各个感官充分调动起来，从而错失了与用户接触、互动的机会。

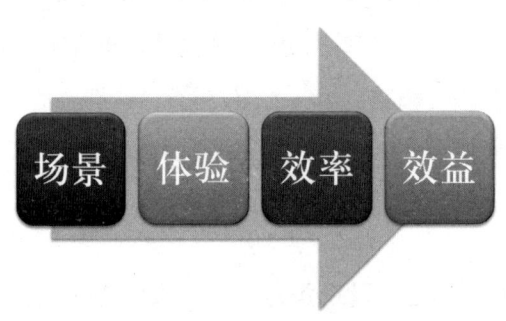

图1-4 新零售时代的营销策略

在新零售时代，通过移动数据，商家能构建起更完整、更清晰的用户画像，在集地域标签与时间纬度于一体的场景数据的支持下，渠道与消费者实现了深度融合，场景成为消费者触手可及的渠道，在场景中消费者可随心随性地购买。

（2）体验

消费者最终是否购买取决于是否获得了良好的体验。从表面上看，非常相近的几个购物流程带给消费者的体验差别很大，距离、颜色、操作的难易度等都会对消费者最终的购物决策产生影响。在新零售时代，头像、语音识别技术得到广泛应用，利用大数据技术商家可对用户消费数据进行精细化处理，最终带给用户极致的体验，从而对最终的购买决策、转化效果产生影响。

比如，商场、超市、餐厅等场所的商家根据消费者休闲娱乐的心理特征摆放抓娃娃机和迷你KTV，将玩具售卖与休闲娱乐活动转变为碎片化的互动娱乐体验，以带给消费者极致体验。一个迷你KTV的成本大概为2万～3万元，日流水大概在几百元到一千元之间，两个月商家就能回本盈利。在寸土寸金的商场租用一个1平方米左右的空间只需2个多月就能获取高回报，这就是新零售备受推崇、追捧的原因。

例如，梧桐本色内衣，产品以时尚、简约、自然、舒适为主要定位，围绕"美和舒适"两个永恒的主题，突出轻、薄、透、雅四个特点，呈现质感和格调产品感觉。简单来讲，就是看起来漂亮，穿起来舒适，用起来实惠。

通过去中间代理，采取轻资产运营模式，降低运营成本将二线品牌主流产品零售价下降40%以上，将加盟商时货折扣下降20%以上，让消费者享受实惠，让加盟商赚更多钱。

通过内衣、女装及小家居的跨界商品组合，增强消费者体验感及黏度，又能提升客单价和销售连带率，提升店铺盈利能力。

（3）效率

据梧桐本色创始人刘建新分析，未来，零售终端、商品、消费者的容量都将大幅增长，营销边界将变得越来越广。对于新零售来说，优化人、货、场三者之间的关系，提升三者的运转效率与匹配效率将成为另一个重点。

（4）效益

效益指的就是共赢。过去，共赢指的是企业单方面或企业与用户的共赢；在新零售时代，共赢的内涵与外延不断拓展，指的是让企业、消费者、供应商等主体的利益实现最大化。如果说"4P"营销策略是以市场为导向，"4C"营销策略是以人为导向，新零售时代的营销理念就应该是以共赢共享为导向。

现如今，新零售刚刚起步，商家的营销活动必须以提升商家营销策略为目标，促使客户效益实现最大化，助力企业在新零售时代实现更好地发展。

1.2 "互联网＋流通"下的新零售赋能

1.2.1 赋能1：新零售引领流通产业变革

新零售的出现和发展引发了流通变革、全产业链变革，推动消费转型升级，助力社会经济发展，并在供给侧结构性改革、实体零售转型升级、"互联网＋流通"计划等政策落实方面做出了有益探索。

随着新零售的出现和发展，流通体系得以重构，并催生了一种全新的商业模式，使流通效率得以大幅提升，流通成本大幅下降，引发了一场流通革命。

第1章
新零售：一场成本、效率与体验的战争

1. 变革商品流通体系

传统的商品流通体系由生产商、一级批发商、二级批发商、三级批发商、零售商构成。随着新零售的出现和发展，这个传统的商品流通体系被打破，商品流通环节的效率得以大幅提升，一个全新的商品流通体系得以构建。这个新的商品流通体系是品牌商—经销商—零售商—消费者，甚至是从品牌商经零售商直接到消费者。

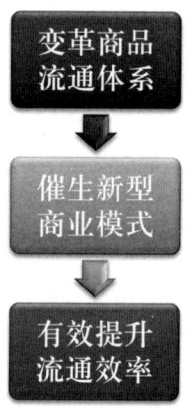

图1-5 新零售引领流通产业变革

比如，在阿里巴巴"零售通"和"农村淘宝"的影响下，一、二、三、四线城市，甚至五、六线城市，乃至农村的商品流通体系都得以重构。以"零售通"为例，借助阿里巴巴的云平台运营能力，"零售通"将品牌商、小零售商、经销商组织起来开展交易，消除了传统商品流通体系中的中间环节，降低了渠道成本，并为小型零售商提供了更好的品牌供应渠道。经"零售通"改造之后，传统便利店、"夫妻店"经营的商品种类更加丰富，经营场所更干净、整洁，经营的商品更加安全，经营成本更低，人流量也变得越来越多。

2. 催生新型商业模式

在新零售的作用下，以数字化为基础，围绕消费者需求商业要素得以重构，零售经营模式与商业模式实现了有效创新。在传统零售朝新零售转型方面，阿里巴巴与银泰商业集团的合作做出了有益示范。

在阿里巴巴云服务体系的支持下，银泰商业全面实现了数字化转型，包括商品数字化、会员数字化、卖场数字化、供应链数字化、组织管理数字化等。随着线上渠道与线下渠道的贯通，银泰可以通过各个渠道与消费者接触，实现了全渠道整合营销。除此之外，天猫与卡西欧联合打造的"智慧门店"，天猫与线上家居品牌联合打造的"生活选集"等都是新商业模式与业态模式的代表。

3. 有效提升流通效率

在新零售的作用下，供需双方信息不对称现象大幅减少，经济组织的各种成本显著下降，流通效率得以大幅提升。

从消费者的角度来看，在新零售的作用下，线上渠道与线下渠道全面打通，构建了多元化的购物场景，使消费者搜索商品的成本与时间成本大幅下降。

比如，天猫与卡西欧合作打造的"智慧门店"，通过将天猫云显示屏引入银泰卖场，卡西欧将全部商品放到云显示屏中展示，使消费者的搜寻成本大幅下降，使卡西欧的月营业额提升了近1倍。

再比如，盒马鲜生借数据打造了线上线下一体化模式，使门店坪效得以大幅提升，相较于传统零售门店来说其坪效提升了3—5倍。单以盒马鲜生上海金桥店为例，仅2016年该店坪效就达到了5.6万元／平方米，而同期传统零售门店的平均坪效仅为1.5万元／平方米。

又比如，华迈净水机，通过"免费"的方式参与市场分享，获得了很大成功，从厂家直接对接用户，用户只需要支付快递和服务费的形式，把净水机免费送给用户，中间渠道可以免费获得"赠品"送给用户，大大提高了流通效率。微谷营销高云老师、建朋老师为其提供指导，取得了很大成功，上市几个月便"送"出去了几十万台。

从生产商的角度来看，在新零售的作用下，生产商与零售商可对信息资源进行共享。通过对零售商提供的消费者数据进行分析，根据分析结果品牌商可实现精准营销，使企业的经营效率得以大幅提升，使品牌商的市场调研成本、信息搜寻成本、市场营销成本得以显著下降。另外，新零售还提升了整个商品流通环节的效率，降低了商品流通成本。随着新兴物流技术的应用，传统物流费用更是得以显著下降。

由阿里巴巴提供的数据可知，菜鸟网络借大数据智能算法对订单路由进行分配，让快递公司的包裹与快递网点实现了精准匹配，准确率超过了 98%，快递分拣效率至少提升了 50%。2015 年，在菜鸟网络的作用下各快递节点得以有效优化，不仅包裹量有所提升，而且有 73.5% 的快递线路派送包裹的平均用时得以减少，使整体效率得以大幅提升。

与历年"双 11"期间物流效率进行对比可以发现，2013 年发送 1 亿件包裹需要耗时 2 天，2014 年发送 1 亿件包裹需要耗时 24 小时，2015 年发送 1 亿件包裹仅需 16 个小时。由此可见，新零售找到了流通领域的痛点、症结，使物流环节全面贯通，促使我国商业整体流通效率得以显著提升。

1.2.2 赋能 2：构建互利共赢的零售生态

零售商在整个商业生态中扮演着非常重要的角色，既要推动供应商与零售商开展有效沟通，又要增进零售商与消费者之间的关系，创造更多的商业机会。

1. 零售商为供应商赋能

在新零售环境下，零售商能有效地为供应商赋能，二者将打破之前那种独立、冲突的关系，构建起深度合作、互利共赢的和谐关系。

通过消费者大数据赋能，供应商将获取更加精准的消费者画像及需求信息分析结果，供应商将对目标市场的需求特征及偏好特征做出全面细致的了解，使商品研发周期不断缩短，让生产计划更加合理，产品适销性更强。比如，天猫与某化妆品牌合作，通过大数据分析得到消费者的精准画像，品牌根据这个画像安排产品研发生产，使产品研发周期大幅缩短。

根据天猫平台提供的数据，在大数据及新零售的作用下，某新产品研发周期

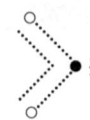

缩短了一半（从18个月缩短到了9个月，且其中8个月都在制造产品），原本需要耗时10个月完成的潜在客户挖掘、市场调研、市场评估等活动只用了1个月。

爱戴·爱美、韩馨创始人陈兆柱先生分享："通过全渠道融合赋能。在新零售的作用下，线上渠道、线下渠道被打通，线上资源与线下资源实现了全面融合。借助新零售平台的终端优势，生产商可开展市场推广与终端营销，为品牌商的成长平添助力。"

比如，银泰百货创建的"生活选集"（一个汇聚了众多品牌的线上精品买手店），通过将实体店、天猫银泰百货旗舰店、品牌旗舰店打通，让线上、线下商品实现了同款同价。另外，借力"生活选集"，线上品牌开拓了线下渠道，实现了全渠道销售，带给消费者更佳的消费体验，使粉丝购买转化率得以大幅提升。

再比如，梧桐本色创造的小资情调，简约而个性化的装修抓住了用户的眼，入眼入心，在短时间内超越了传统品牌，在服饰内衣界引起不少轰动。

2. 零售商与消费者黏合

在传统零售活动中，零售商与消费者是简单的商品交易关系；在新零售环境下，零售商与消费者的接触点逐渐增多，接触面逐渐加大，情感连接愈发紧密，消费者获得感有了大幅提升。

零售商延伸触点进入消费者需求链。在大数据的作用下，新零售平台将消费者的消费图谱再现了出来，深入挖掘了消费者需求，融入了消费者的日常生活。

新零售平台以消费者需求为依据为消费者提供增值服务，将消费者的需求信息传递给生产商，让生产商及时为消费者提供能够满足其需求的产品与服务。在这种情况下，零售商就成了消费者的代言人，发布消费者对商品与服务的需求，采购其需要的商品与服务。由此，零售商与消费者就构建起了紧密联系，实现了一体化。

第 1 章
新零售：一场成本、效率与体验的战争

在全渠道流通与营销的作用下，消费者黏性大幅提升。以零售平台商为依托，线上、线下、移动端、各终端实现了全面融合，品牌商、分销商、零售商、服务商也有了全渠道整合营销传播的可能。通过全渠道融合，品牌商、零售商有了更多与消费者接触的机会，它们之间的时空限制被打破，品牌商、零售商可以与消费者重复接触、持续接触。

天猫平台的"新零售体验馆"帮品牌打通了线上、线下的会员体系。品牌专业的美容顾问为线上消费者提供可视化咨询服务，利用虚拟现实技术为线上消费者提供动态的彩妆使用体验，让线上会员、线下会员享受相同的服务。通过这种方式，美妆顾问可与消费者持续互动，以提升消费者的购物体验，增强消费者的黏性。

深圳每美工贸有限公司，专注内衣20年，生产基地位于具有"中国内衣名镇"美誉的广东汕头陈店镇，是集高档内衣产品开发、设计、生产与销售的综合性集团企业。

旗下品牌爱黛·爱美全生态0感养护内衣创立于2013年，爱黛·爱美自成立以来，经过公司全体人员的顽强拼搏、勤奋刻苦，以极短的时间得到全国各地消费者的一致好评，销售网络遍布全国各地，快速成长为国内全生态0感养护内衣的领导品牌。

爱黛·爱美全生态0感养护内衣以关爱女性健康为己任，公司致力于开发健康、舒适的产品，让广大女性朋友体验到爱黛·爱美内衣的贴身0感享受。

1.2.3 赋能3：实现个性化与定制化生产

缪斯的诱惑颜伟鸿先生分享："新零售引发了生产变革，推动了生产的民主进程，实现了个性化设计、定制化生产。"

1. 确立拉式供应链

传统零售活动是在供应商、生产商推动的"推式"供应链下开展的，在这种供应链模式下，生产商通过经验分析，综合市场调研结果开发、生产商品，制定相应的目标决策，并将目标在下游企业与供应商中逐层落实。在这种模式下，供需很有可能分离，库存不断积压，面对市场需求的变化，生产者无法做出快速响应。

在新零售的作用下，零售主体的价值排序得以重构，供应链模式从"推式"转变成了消费者需求拉动的"拉式"。

在"拉式"供应链模式下，零售商必须以消费者大数据分析结果为依据对消费者的生活场景、消费场景进行还原，对消费者需求、偏好进行深入挖掘，并将上述数据反馈给品牌商与供应商。品牌商则根据这些数据安排产品研发与生产，制定合理的生产计划。于是，需求导向的供应链模式应运而生，在供应链活动中消费者需求研究就成了第一步。

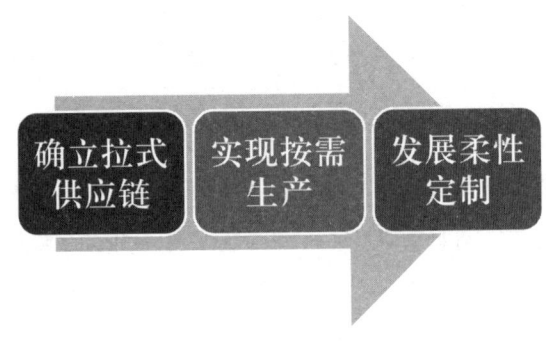

图 1-6　新零售环境下的生产变革

2. 实现按需生产

在新零售环境下，通过对消费数据进行挖掘可实现消费洞察，为定制化生产、按需生产提供实现的可能。传统商业模式多存在供需脱节、供需分离等问题，新零售打通供给与需求，为这些问题提供了有效的解决方案，并帮企业构建起了自己的目标消费群体，以目标消费群体需求为依据组织生产，真正做到市场洞察。

以天猫和某家电品牌的合作为例，通过对消费者大数据进行分析、计算，天猫对洗衣机市场需求做了预测，建议该企业直接生产10升的洗衣机，从而引领了市场发展趋势，获得了极大的成功。

由此可见，新零售可以帮企业实现"按需生产"，解决库存积压问题，实现产销对路。

3. 发展柔性定制

在新零售的作用下，社会生产方式可从大规模生产朝柔性、灵活生产转变，朝柔性化、精益化、规模化定制生产发展。

比如，天猫与五芳斋合作在端午节期间推出了定制化粽子。消费者在天猫平台下单，根据个人口味、风格等方面的喜好定制粽子。通过这种方式生产出来的粽子组合多种多样，完全打破了传统的食品生产流程，推动标准产品实现了非标准化定制生产。

天猫与奥利奥合作，利用天猫平台洞察消费者需求的优势，奥利奥改造了天猫平台的交易流程，实现了全面开放，并推出了个性化定制活动，让消费者通过涂色、填色等方式参与产品定制，使消费者的个性化需求得到了极大的满足。该活动推出3天累计售出定制款奥利奥4万份，销售额近600万元。

1.2.4 赋能4：助推新一轮消费结构升级

零售业的发展与社会消费需求变革相互影响、相互促进、相互拉动，呈现出了螺旋式上升趋势。在不断发展的新零售的影响下，居民消费理念、消费结构、消费方式、消费档次得以全面升级。

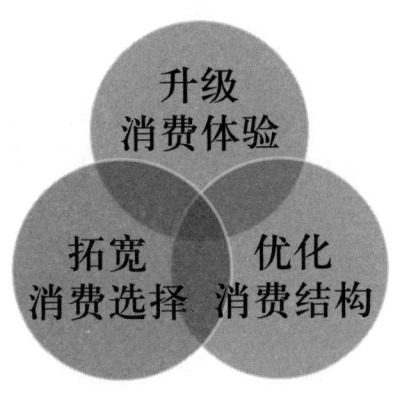

图1-7　新零售助推消费升级

1. 升级消费体验

在新零售模式下，消费者获得了极致的消费体验，从物质层面的满足逐渐升级为心理层面上的满足。

以盒马鲜生为例，盒马鲜生虽不是便利店、超市、菜市场、餐饮店等零售业态，却拥有这些零售业态的所有功能，并且除超市、餐饮、便利店、菜市场之外，它还具备电商、物流功能。通过线上、线下与现代物流技术的融合，为消费者提供3公里内30分钟免费配送服务，带给消费者极致的购物体验。为了能享受到盒马鲜生的配送服务，有些消费者在选购房子的时候会考虑与盒马鲜生的距离，从而催生出了一个新概念——盒区房。

2. 优化消费结构

在新零售环境下，消费者可享受全渠道融合的多场景、多方式的购物体验，使零售供给中的服务内容得以有效丰富，并推动居民消费结构从商品消费朝服务

第1章
新零售：一场成本、效率与体验的战争

消费转型发展。

比如，天猫与银泰合作转变传统百货商场"坐商"的运营模式，将其转变为"行商"，推动实体商业不断转型升级，创造实体经济发展新模式。天猫与银泰合作推出的"喵街"面向所有实体商业开放，根据顾客的位置信息向其提供吃喝玩乐购一站式服务，以切实提升顾客的购物体验。另外，银泰还将其会员体系与天猫打通，以其为基础为消费者提供更精准的服务。由此可见，天猫等新零售平台为未来商业的发展构建了基础设施。

3. 拓宽消费选择

在新零售环境下，消费者购买商品、享受服务的渠道越来越多，使消费者对高档商品与服务的需求得到了极大的满足，并对消费回流产生了积极的促进作用。

比如，天猫与银泰合作为消费者购买国外商品开创了多条渠道，使内消费者对高档商品与服务的需求得到了充分满足。随着新零售不断发展，消费者的跨境购物体验不断提升。2017年5月天猫国际在日本启动了"全球原产地溯源计划"，为每件进口商品添加一张标注着原产地的"身份证"，保证国内消费者能买到正宗的进口产品。

据彭博社研究，2017年可以说是中国海外消费回流的拐点，在这个过程中，以天猫国际为代表的跨境购物平台发挥了重要作用。据天猫提供的数据，2016年在国内跨境购物平台中天猫国际的市场规模居首，累计服务了4 000多万的消费者。

再比如，佛山市茴蔚服饰有限公司成立于2010年6月，专注于全国控版贴牌。强有力的设计研发团队，庞大的生产车间，顶尖的销售服务人员是公司的强大优势。公司目前生产的产品有以轻时尚系列、常规无钢圈模杯围，薄棉围、功能性文胸及美体衣。客户范围以全国性的品牌包款生产，省级代理商和大型连锁的拼单生产。他们运用用户思维做贴牌，运作得非常好。

1.2.5 赋能5：培育我国经济发展新动能

在推动经济发展方面新零售做出了巨大贡献，不仅提升了纳税额，增强了就业吸纳能力，还加大了创新动力，促使我国零售业在国际化的道路上大步迈进。

1. 创造经济新动能

从本质上来看，新零售的发展就是在平台企业的带动下将大数据、互联网技术引入商业，对生产制造过程进行优化，降低交易成本，提升消费潜力，增强经济发展动能。

逐年增多的纳税额将新经济动能充分展现了出来。以阿里巴巴为例，2012年阿里巴巴日均纳税额1 000万元，到2016年已增至1亿元，发展速度之快超乎想象。同时，天猫平台上的商家也创造了巨额税收。据统计，在很多地区纳税额排名前20的企业中，天猫商家都占了很大比例。

以"三只松鼠"为例，这是一个在天猫平台上发展起来的新零售品牌，2012年诞生，2013年纳税12万元，2014年纳税600万元，2015年纳税4 300万元，2016年纳税1.5亿元，早已成为当地的纳税大户。

另外，在平台终端零售商的驱动下，新零售上游的品牌商、制造商的产值与税源都在不断增长。据统计，在货物生产、批发、零售等环节，零售环节贡献了大约11%的产值，剩余产值都产生在生产环节与批发环节。这就表示，在新零售平台上，每产生100元的销售额，就将产生89元的批发值与生产值。据估计，在天猫新零售平台的作用下，上游制造业增长了近1 800亿元的税收。

2. 提升就业容纳能力

随着新零售的发展，以云计算、移动互联网为代表的新工具和以数据为代表的新市场能源逐渐出现，从而催生了诸多新的市场机会，为创新创业活动的开展提供了新助力。在新零售的作用下，商品生产者、经销者能够与消费者实现多点接触与沟通，消费者的潜在消费需求被充分挖掘，市场商机不断增加，为"大众创新，万众创业"的快速发展奠定了基础。如此一来，新零售就能创造出更多新岗位，比如云客服。

云客服指的是通过互联网与消费者在线沟通，为天猫新零售平台用户提供服务的一种岗位，该岗位主要面向灵活职业者，工作时间与地点不受限制。

由此可见，随着新零售全渠道资源的贯通，人与零售商及各种资源的接触机会越来越多，时空限制被彻底打破，催生出很多新的工作岗位。据统计，在阿里巴巴新零售平台上仅从事内容电商这一职业的人就有100万，除此之外，还有电商主播、数据标签工、拣货员、数据采集与清洗、设计师、淘女郎等诸多岗位。

在新零售作用下，品牌商、物流等相关行业都实现了快速发展，生产领域及其他服务行业的就业机会也不断增加。阿里研究院与中国人民大学在2016年发布的就业报告显示，2015年阿里巴巴新零售平台直接、间接带动了近3000万的就业。

3. 全面增强创新动力

韩馨品牌创始人古桢华先生曾说："新技术的应用为新零售的实现奠定了扎实的基础。在大数据与云计算的共同作用下，零售行业的市场效率不断提升，零售行业的创新进程越来越快，同时产品与服务研发周期越来越短，相关行业的生产效率不断提升，生产工艺实现了持续创新改进。随着技术创新效应不断从产业内朝产业外延伸，这些新技术会被越来越多的行业吸收、利用。在此之后，新技术将不断地与其他产业融合，使其他行业的创新能力不断提升，从而使市场整体创新能力得以有效提升。"

4. 加速零售国际化进程

传统实体零售商走到线上，线上电商走到线下，线上线下相融合是新零售的核心。随着线上线下相互融合，商业活动的开展有了新渠道、新通路。这个新渠道、新通路指的不仅是国内市场，还包括国外市场。以新零售的跨境平台为依托，国际贸易的开展有了新渠道与一体化的服务方案，为国有品牌"走出去"，为更高水平的对外开放的实现提供了有效支持与助力。

2017年6月，天猫平台宣布将借助阿里巴巴核心电商板块，帮助国产品牌"走出去"，将以交易、营销、支付、物流、技术、数据等新商业基础设施为依托将天猫生态模式在东南亚、印度等200多个国家和地区复制，切实提升当地电商的效率，为海外消费者提供更优质的电商服务。

比如，波司登借天猫"一店卖全球"成功与国际市场对接，将商品销往澳大利亚等地。值得注意的是，在"走出去"过程中，波司登在国外开展营销推广活动产生的所有费用全部由天猫平台承担，使国外运营成本大幅下降。因此，越来越多的国有品牌与天猫合作加入了"走出去"的队伍，加快了"走出去"步伐。

1.3 新零售环境下传统实体店运营路径

1.3.1 突破产品思维，注重用户思维导向

梧桐本色服饰创始人刘建新先生说："新零售是零售企业未来发展的主导方向，身处这种大趋势下的企业应该抓住机会进行变革。"

尽管很多业内人士声称，国内零售行业始终处于不间断的变化状态中。但事实情况是，国内的大卖场、便利店等零售业态经过数十年的发展，并未出现明显

的变化,随着互联网的发展,国内电商行业迅速崛起,但很多零售企业仍然维持原有状态。

在新的市场环境下,消费者的需求已不同于以往,他们更加注重消费的便捷性,希望自己买到高质量的商品。然而,国内现阶段的零售行业仍然聚焦于大众化商品的提供,固守传统经营模式,逐渐落伍于新时代的发展。"传统商家扛着一个过去的生了'锈'的脑袋,在当下经营着互联网生意,这种生意肯定越来越难做。"高云老师说。

现如今,活跃在市场上的业态种类更加丰富,不同渠道之间开始进行市场争夺,不同业态之间的竞争也日趋激烈,企业在流量获取方面投入的成本不断增加。为了适应市场环境的变化,在激烈的市场竞争中掌握更多的主动权,零售企业必须突破传统零售思想的束缚,开辟全新的发展道路。

所以,零售企业要进行全方位的重构,实现深层次的变革,向新零售方向转型。

如何理解"新零售"?新零售是从思想层面提出的一种新概念,有的分析者没有弄清楚新零售的范畴,从零售业态、零售模式的角度来分析新零售。但新零售与大卖场、便利店等零售业态是完全不同的概念。新零售是相对于传统零售而言的,尽管很多企业都在往新零售的方向转型,但其发展都没有进入到成熟阶段。因此,目前对于新零售的概念定义也不是十分清晰。

新零售不只是对传统零售的局部调整,而是全方位的改革,是对传统零售的颠覆与重塑。

有些企业尝试将超市与餐饮业相结合,并以"新零售"来标榜自己,如RISO、超级物种等。但很多企业缺乏明确的目标,在具体发展方面也没有清晰的计划，这种行为不能被归类到新零售中。要发展新零售，企业需要明确自身的目的，并采取有效措施保证计划实施。

还有的企业对门店进行了升级，通过加大这方面的投资来发展新零售，但其效果通常只能持续一段时间，也不能被归类到新零售中。将线上、线下渠道的运营结合到一起也不是新零售。虽然新零售的实现需要物流支撑，但只凭借物流系统还不能实现新零售。

现如今，线上流量与线下流量都成为稀缺资源。企业在流量获取方面的成本不断攀升。传统模式下，企业可以在线下增设实体店来吸引更多顾客，如今这种可能性几乎为零。与此同时，线上流量的争夺也日趋激烈。随着社交平台的兴起、直播形式的快速发展，企业获取线上流量资源的难度越来越大。

传统模式下，企业采用的是产品思维，在互联网时代下，用户思维开始占据主导地位，与此同时，企业更加重视流量的价值。所以，企业在今后的发展过程中，要明确自身的市场定位，锁定目标用户群体，对用户需求进行把握，据此提供相对应的产品，同时，要采取有效措施扩大流量基础，为自身发展提供有力支撑。

生鲜品牌"盒马鲜生"曾制定完成线上5 000单的计划，并通过这个计划的实施来检验新模式的效果，体现出该品牌对传统思维模式的变革。为了实现这个计划，盒马鲜生采取了一系列措施：将超市与餐饮结合发展，精心设计门店，为周边消费者提供30分钟免费送货上门服务等，并采用社群营销方式进行流量积累。

因此，零售企业要向新零售转型，第一步要做的是突破传统思维的束缚，将产品思维转变为用户思维，注重流量资源的获取，围绕消费者的需求及其变化对自身运营进行调整。

1.3.2 重构信息系统,提升企业运营效率

随着移动互联网的发展及普遍应用,加上时代发展的需求,在今后的发展过程中,企业将更加重视信息技术的建设与发展。

零售企业的信息系统主要包含数据处理、商品运营、企业管理、流程设置等功能。随着时代的发展、市场环境的变化,现有的信息系统难以满足企业的发展需求,无法帮助企业实现成本控制,且难以提高整体运营效率。为了改善这些问题,有的企业运用技术插件对信息技术系统进行调整,但从宏观角度来看,这种方式仍然不能提高企业效率,也无法促进系统的快速更新。

因此,企业要及时改革信息系统,通过改革实现产业链各个环节之间的有效对接,为企业实施新模式提供支持,实现人力资源的优化配置。在改革过程中,要用动态数据来代替静态数据,扩大移动互联网的应用,将用户放在核心地位,根据市场需求开展运营。与此同时,要引进先进设备,打造现代化信息技术系统,提高对数据信息的处理能力。

传统模式下,企业主要采用人工管理方式,随着发展,企业将更多地通过信息系统实施内部管理。企业只有对现有信息系统进行改革,才能为自身向新零售的发展打下良好的基础。

在当前互联网二维环境下,零售企业必须构建起全渠道营销模式,这是基本要求。现如今,线上、线下二维市场空间已形成,要想构建起完整的市场体系,零售企业必须具备融合线上、线下二维市场的能力。

为此,零售企业的信息系统必须具备支持两个市场操作的能力。如果零售企业简单地将自己原有的信息系统与线上模式叠加,其体系、架构必然存在不统一的情况。所以,零售企业必须在统一规则的基础上构建全渠道市场模式的信息系

统,让整体市场运作保持高度一致。

在当前的市场环境下,企业亟须用户行为与习惯分析、数据分析、LBS空间管理、科学算法的支持,以切实提升运营效率,解决很多人脑无法解决的复杂问题。同时,企业的信息系统必将朝着借系统智能化提升运营效率、降低运营成本的方向发展。

图1-8 零售信息系统的变革方向

(1)以用户为中心:这里的用户指的是不同级别的购买用户和企业管理用户,以用户为中心指的是为用户提供快速注册服务,优化用户管理,做好内容分发、任务安排等工作,满足用户定制化、私有化的需求,并能实时实现用户链接、用户跟踪、用户分析与用户管理。对于企业的信息系统来说,以用户为中心的信息系统一定是主要变革方向。

(2)动态数据全覆盖:零售企业要将静态数据、时点数据转变为动态数据,让动态数据对信息流、资金流、订单流、物流、商品流实现全覆盖,为仓库、店铺补货提供及时有效的支持，打通全链路，以切实提升企业业务运转效率。

（3）以闭环模式替代模块模式：零售企业要将过去总部、分店、物流、财务界限分明的模块模式转变为闭环模式，构建与全系统链接的信息流闭环，形成订单流、资金流、物流、用户管理等不同的闭环，使业务运行质量与效率得以切实提升，让所有信息流都变得可追踪，从而使企业管理效率得以有效提升。

（4）数据同步：通过数据同步，零售企业可实现全数据实时在线，提升数据效率，让全系统数据与子系统数据实现无缝对接，满足不同用户对不同场景数据的需求。以 ERP 为基础实现的在线化不仅能对数据进行精细化管理，还能将数据价值切实发挥出来。

（5）能够支持多业务模型：借助全新的信息系统，零售企业可从各个渠道获得订单，为企业线上、线下业务的开展提供有效支持，让企业业务模式有足够的空间开展变革创新，让数据、模式可以共享，让企业可以与更多平台入口对接。

（6）简单化操作：借助全新的信息系统实现"傻瓜式操作"，如用户一键选取商品、操作员一键对商品进行管理等，对不同的用户进行分级管理，简化用户管理流程，提升效率。

总而言之，现如今，信息技术系统变革已成为摆在零售企业面临的一件紧迫之事，零售企业要想实现变革创新，必须从信息技术的变革着手。

1.3.3 完善渠道建设，聚焦线上流量获取

零售市场环境的巨大变化要求零售营销模式的变革重构。从零售业的发展历程来看，在经历了商品主权时代、渠道主权时代后，当前零售领域已进入消费者主权时代。与前两个阶段以商品为中心的营销模式不同，消费者主权时代的零售

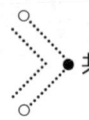
共享新零售：消费升级时代的零售创新路径

营销必须紧紧围绕顾客展开，从以往的营销商品转向营销顾客，打造顾客价值。

比如，娅筑内衣以"薄"为核心打造品牌之魂，获得市场一致好评。姿篇内衣以年轻、简约、个性为核心塑造品牌形象，品牌创立短短的几年内便布局了全国市场，在线上流量的获取中总结一套新零售的方法。

特别是在客流持续减少、陷入流量瓶颈的情况下，零售企业更要正视市场环境的巨大变化，转变以往聚焦于商品和价格的营销模式，以消费者为中心，从目标顾客需求出发进行各种商业动作，从卖产品转向打造终身价值顾客。

从这个角度来看，新零售是以顾客为中心、打造顾客价值的零售形态，充分体现了互联网时代以人为本的商业本质。其营销逻辑和主线是：找到顾客、建立链接、影响顾客、增强黏性、打造终身价值顾客。

企业要明白，在电商行业迅速发展的今天，线上渠道的重要程度不可小觑。在互联网时代下，线上市场与线下市场都是企业不能忽视的。要建立完整的市场体系，企业就要实现两个渠道之间的无缝对接。现如今，消费者不仅存在线下需求，还同时存在线上需求。从市场发展增速来看，线下市场已经明显落后于线上市场。

所以，零售企业要认清当下的市场环境，将线上渠道、线下渠道的发展结合起来，制定系统化的市场发展规划，而不是仅聚焦于某一个市场的拓展。

不过，企业需要明确的一点是，在流量方面，要继续发挥长期发展过程中积累的流量优势，在此基础上获取更多的流量。

在这种情况下，线下企业应该如何应对？现如今，线下企业的流量开始走向下坡路，如果盲目跟随线上企业布局线上，给线上引流，或者在不同渠道实施不同的价格，会导致企业不同渠道之间的运营相互蚕食，给企业的整体发展带来不利影响。近年来，采用全渠道战略的沃尔玛、大润发等零售企业均在发展过程中遇到阻力，可能就是因为企业没有把握正确的发展方向。

对线下企业而言，首先要明确定位，聚焦于线下业务的经营与发展。这类企业在实施全渠道战略的过程中，要通过线上渠道拓展流量来源，为线下运营提供支持，如果线下经营不善，才应该考虑转战线上，而不是套用电商企业的发展模式。另外，线下企业在明确自身定位、制定清晰战略之后，可采用多种方式从线上引流。

传统模式下，零售企业围绕商品本身开展营销，为了促进产品销售，很多企业从价格方面入手推出营销活动。要向新零售转型，企业则需改革传统的营销模式，聚焦于流量运营。

在向新零售转型的过程中，企业要突破传统营销理念的束缚，注重流量获取，与消费者保持良好的互动关系，培养忠诚用户。在营销过程中，企业要围绕顾客开展运营，通过创新营销模式，扩大流量基础，促使顾客进行重复性消费，提高消费者的黏度，从长远角度出发制定系统性的营销规划。

在具体实施过程中，企业要明确自身的营销目标，通过采取商品、价格等策略方式来增加对消费者的吸引力，提高顾客黏度，力求获得消费者对自身运营的认可。

1.3.4 实现品质升级，满足个性消费需求

伴随着经济的发展，人们的消费需求也发生了变化。在消费升级时代下，消费者更加注重自身的个性化需求，与此同时，受经济收入、社会地位等因素的影响，人们的消费需求具有明显的层次分级。

为了应对变化的市场环境，满足消费者的需求，零售企业要对现有商品体系进行改革，为消费者的日常生活提供便利，注重品质化升级，满足消费者对高品质生活的追求。

在商品极大丰富的消费社会中，一方面人们可以通过多种渠道很容易地获取想要的商品，另一方面商品的同质化现象也愈发严峻，这导致企业已很难单纯依靠商品的创新和丰富性长久影响和黏住顾客。同时，互联网电子商务的迅猛发展，也对传统实体零售造成了巨大冲击，迫使零售店不得不转变经营思维与模式。

茵蔚服饰许大庆先生说："相对于实体零售店，电商零售具有'更多、更快、更近'的优势：在商品丰富性上，面积有限的实体零售店显然难以与电商平台媲美；至于物流配送这一痛点，各电商平台也不断提高物流效率，为消费者提供更好的配送体验，如京东、天猫在一些主要城市中已实现商品半日送达；此外，无人门店、自动售卖机、无人架等创新零售形态的快速发展布局，则大大拉近了企业与消费者的距离，零售进入到小区楼下、办公室等更广泛的日常生活场景。"

从盒马鲜生的成功运营来看，当前消费者的零售诉求已超越了单纯的产品或服务范畴，转变为对特定场景下品质化生活方式的需求。这也是盒马鲜生新零售模式取得成功的主要原因：聚焦"吃"这一日常生活场景，通过"超市+餐饮"的创新模式，将店铺零售从简单售卖商品转变成为消费者提供"吃"的解决方案，从而受到消费者的追捧。

与此类似，名创优品的迅猛扩张也不只在于为消费者提供了丰富多样的优质低价商品，更深层的原因是提供了满足顾客个性化需求的品质化生活方式解决方案。

梧桐本色内衣，通过改变传统价值链的方式，厂家与零售商直接建立链接，

第1章
新零售：一场成本、效率与体验的战争

原来代理商升级为服务商，负责其擅长的事情，重塑与零售商、消费者关系，针对"80后""90后"的消费群体，满足他们个性、时尚的需求，拉近消费距离，减少中间运营成本，让利给消费者，不到2年时间，销售额破亿元。因此，实体店的新零售变革，必须转变以自我为中心的商品组织经营思维，基于市场环境和目标消费者需求，打造品质化的生活方式解决方案，为顾客提供独特的消费体验，如此才能构建出门店的核心竞争优势，在日益激烈的零售市场竞争中站稳脚跟。

零售企业要对市场变化及人们的消费需求特点进行把握。在消费升级时代下，以"80后""90后"为主的新型消费群体迅速崛起，现有商品体系已经无法满足他们的需求。原有的大众化商品体系也无法对接人们的个性化需求。以往，只要商品具备基本的功能就能满足人们的需求，现如今，消费者更加看重商品的质量及消费的便捷性，希望自己能够享受高品质的生活。

新零售变革是实体零售店解决客流量持续下滑难题、突破发展困境、实现转型升级的必然路径。具体营销方法上，基于日益成熟完善的互联网商业生态，零售企业可以从"场景""IP""社群""传播"等几个维度切入，寻找新零售营销的有效方法。

"新零售时代，碎片化的生活场景成为商品、企业链接顾客的重要渠道。零售企业只有以顾客为核心，精准洞察顾客在具体场景下的产品和服务需求，及时提供符合顾客需要的高品质生活方式解决方案，才能赢得顾客的注意、认可和青睐。因此，场景营销是新零售营销的核心。"梧桐本色总裁刘建新说道。

互联网商业时代，传播是一切营销活动的根本前提，如果信息不能有效传播、不能形成二次甚至多次传播、不能吸引顾客主动参与传播，则很难获得良好的营销效果。从传播本身来看，当前传播的最有效、最大的机会点和信任点是社群，借助不断涌现的各种社群，传播能够实现价值最大化。同时，有研究者指

出，随着IP经济的迅猛崛起，IP已成为"自主传播能量"，是互联网环境下最有效的传播形态。

新零售变革离不开新营销方法的有力支撑，企业要积极构建适应互联网环境的新营销体系，打造新的营销组织、创新营销机制和路径，高度重视公众号在寻找顾客、链接顾客、影响顾客、创造顾客价值等方面的重要作用，不断探索微信群等社群运营的有效方法，深度发挥社群在新零售中的营销传播价值。

1.3.5 重塑门店价值，构建场景生态体验

目前，企业面临的市场竞争日趋激烈，为了巩固自身的生存及发展地位，企业必须提高自身运营对消费者的吸引力，重视消费体验的打造。随着互联网的高速发展与普遍应用，迅速崛起的电商行业给线下门店的发展带来挑战，在这种情况下，门店更应该为用户提供良好的消费体验，通过这种方式体现自身运营的价值。在具体实施过程中，零售企业要注重场景的打造，并在运营过程中满足消费者的体验需求。

现如今，市场上涌现出的商品种类越来越多，为了提高门店对消费者的吸引力，刺激他们的消费需求，经营者就要对消费者的需求进行把握，通过打造相应的场景来打动他们。场景类型多种多样，可以与多种元素结合，表现多种主题，如生活化场景、运动化场景、娱乐化场景等。之前，零售企业多围绕产品本身进行场景打造，为了更好地适应市场需求，企业需要丰富自身的场景形式，满足人们的多元化需求。

企业要想提高顾客黏度，就要满足其体验需求。从长期发展的角度来分析，企业要通过体验服务的提供来实现忠诚用户的积累。为此，门店要注重店内的布局、规划，发展独立IP。在这方面，盒马鲜生推出具备人性化特点的"小盒马"，

第1章
新零售：一场成本、效率与体验的战争

鼓励消费者进店消费来喂养小盒马，提高他们的黏度。

"门店要从各个方面提升消费者体验，促使顾客进行重复性消费，提高顾客黏度，提升自身发展的持续性。零售企业要向新零售转型，就要实施全方位的改革，在进行跨界经营、跨渠道运营之外，还要突破传统理念的束缚，重塑商品体系，通过打造消费者体验提升门店价值，并在营销体系方面进行创新。"梧桐本色总裁刘建新先生如是说。

"打造满足目标消费者需求的品质化生活方式解决方案，需要重塑零售店价值：零售店要从单纯的商品售卖转变为链接顾客的场域，为顾客提供场景化体验与社交价值，成为场景化、体验式的新零售卖场。"茴蕙服饰许大庆老总分析道。

1. 体验性

与线上零售相比，线下零售的最大优势在于能为顾客提供沉浸式的场景体验。因此，零售企业要从目标消费者的场景化生活需求出发，积极进行场景化零售布局，通过打造场景化卖场满足顾客特定场景下对品质化生活方式的追求，提升门店体验价值。换句话说，就是通过对卖场的场景化重构，使门店零售从以往的顾客找商品，转变为商品主动链接顾客、为顾客提供完整的品质化生活方式解决方案，以此获得顾客青睐。

2. 社交性

增加更多社交属性也是当前实体店进行新零售调整变革的重要内容。零售店的最终目的是实现销售转化，因此，不必过于追求商品数量，关键是要能有效留住顾客，触发顾客的购买行为。比如，盒马鲜生零售店中的SKU只有6 000左右，但却通过优选每件商品充分满足了进店顾客的多元化、个性化需求，成功实现了顾客留存和销售转化。

当前很多零售店的一大痛点是商品动销比率低,不足80%,且很多商品的周转天数超过一个月。因此,与其在有限的门店中陈列大量不动销、动销较差的商品,不如减少商品和货架数量,腾出空间在门店中设置专门的顾客休闲娱乐区,增强门店的社交属性,为顾客创造更多价值,优化顾客体验。特别是在门店租金成本不断攀升的情况下,这种增加社交属性的调整有利于零售店更好的留存客户,提高销售转化率。

打造场景化和体验式新零售卖场,需要重塑零售店价值,增加更多体验功能和社交功能,从而增强门店社交属性、提升门店体验价值,具体方式包括在零售店中设置餐饮区、咖啡水吧等。需要注意的是,配置社交功能和体验功能的最终目的是获取更多流量,是为了更好地链接、影响顾客,提高顾客黏性,打造终身价值顾客。零售店只有始终明确这一主题与核心,才能真正打造出符合顾客需要的场景化和体验式新零售卖场。

第2章

社区新零售：构建智慧社区服务生态圈

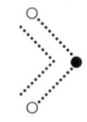

2.1 社区新零售：重构社区商业的价值

2.1.1 重新审视社区商业的定位与价值

近几年，社区商业迎来快速发展期，甚至有相当多的业内人士表示这将会是零售业的下一个风口。就目前的实际发展情况来看，社区商业能否成为风口很难给出明确答案，但其发展前景确实十分广阔。社区商业崛起，更像是零售业和房地产企业为了打破发展困境而进行的无奈之举。

零售企业积极触网，探索"互联网+零售"模式，房地产企业也在积极转型"地产+服务"模式，而社区商业是双方同时瞄准的一个重要领域。机遇与挑战并存，是转型的一大主要特征，所以，为了更好地掘金社区商业，快速稳定地度过转型期，制定科学合理的转型规划是很有必要的。

移动互联网时代，消费环境及竞争态势发生了前所未有的重大转变，和出行、教育、文娱、餐饮等诸多行业一样，被大数据、云计算、物联网等新一代信息技术不断渗透，以及共享经济、社群经济、体验经济等新经济形态不断冲击的社区商业也步入转型阶段。

社区商业以社区居民为服务对象，为了体现其人情味色彩，部分业内人士也将其称为"邻里商业"。社区商业是未来零售业的重要组成部分，阿里、京东、家乐福等各类零售企业都在积极布局社区商业，受到政策、规划、经营等诸多因素的影响，目前尚未有哪家企业建立起明显的领先优势，行业内尚存在很多未能解决的用户痛点。

第 2 章
社区新零售：构建智慧社区服务生态圈

在一个发展成熟的零售服务市场中，社区商业消费在整体商业消费中贡献的比例可以达到60%～70%，毕竟，如果在家门口就能买到各种优质商品，享受到诸多优质服务，鲜有人愿意去人山人海的商业中心购物。受到这种广阔发展前景的吸引，大量的创业者及企业进军社区商业领域，便利店、精品超市及社区购物中心等社区零售门店大量涌现。

互联网未出现以前，社区商业服务半径相对有限，其服务对象通常就是社区内的居民。我国公布的零售形态标准中，店铺零售业态有12种：超市、专业店、专卖店、百货店、便利店、杂食店、折扣店、大型超市、购物中心、家居建材商店、仓储式会员店、工厂直销中心；无店铺零售业态有5种：邮购、电话购物、电视购物、网上商店及自动售货亭。

然而随着时代发展，这种分类方式并不能很好地反映零售业态。比如，很多便利店、专卖店已经开展了电商业务，而无店铺形态中的邮购几乎已经销声匿迹。此外，还出现了无人店这种新兴零售业态。

曾经被归属为社交工具的微信也在逐渐打破社交边界，在商务、支付、办公等领域的应用愈发广泛，而微信小程序功能的上线，透漏出了微信想要连接一切的野心。时代环境在发生变化，作为一种具有广阔发展前景的零售业态的社区商业，也需要我们用新的思维对其进行重新定位，并制定新的运营策略。

影响传统社区商业项目发展状况的因素主要有交通、商圈、住宅密集度等。而在新零售时代，社区商业门店竞争力的打造更多的需要为顾客提供高品质的产品与服务，让顾客可以获得极致的购物体验，如果仅是提供单一的商品价值，又有什么理由让用户放弃选择价格更低且送货上门的电商购物呢？

尚处于初级发展阶段的社区商业目前确实存在各种问题，部分创业项目因为资金链断裂已经被迫出局，但这并不能阻碍富有探索精神的创业者及企业，它们仍在积极通过技术、模式、管理等方面的创新，寻找行之有效的社区商业新玩法。

2.1.2 新零售时代的社区商业转型思考

我们不禁要思考：在探索新零售时代的社区商业过程中，需要重点考虑哪些因素呢？社区商业发生了怎样的变化？诸多的实践案例已经充分证明了零售转型没有可供复制的模板，社区商业转型更不能生搬硬套。

一个3万平方米以内，人口不超过5万人的传统商业社区，其服务半径为方圆两公里，而较为合理的服务半径是在800米至1000米之间。进入新零售时代，开放、融合成为主旋律，社区商业的服务范围得到了极大的拓展。与此同时，社交媒体的快速崛起，使社交和购物消费融为一体，社区零售门店有望打破其时间与空间的限制，为更多的目标用户提供产品及服务。

"在传统商业定位中，商业物业是一项十分重要的影响因素，传统社区商业定位亦是如此，当时从业者普遍认为能够服务的用户需求是相对有限的，更为可行的是寻找服务半径内目标用户具有的共同需求，然后提供相应的产品及服务。而在新零售时代，用户体验与信息开放扮演的角色尤为关键，商家需要尽可能地满足用户的个性化需求，为其提供各类便民服务的同时，争取通过提供独特服务建立强大的外部竞争力。"韩馨、爱戴·爱美内衣董事长陈兆柱先生分析道。

移动互联网时代，方便快捷的网络购物以及送货上门的优质体验，让社区商业的服务能力显著提升，如果能够得到用户认可与信任，连家中的老人都可以通过向社区便利店电话下单，并要求其送货上门。

此前，社区商业可以被看作一种由市场、地块及消费者三大核心要素构成的综合性立体平台，对其进行定位时也是主要考虑这三大核心要素。但在新零售时代，我们在对社区商业定位时，不应该也不能忽略互联网，以及基于互联网产生的移动社交、丰富多元的消费场景体验。也就是说，社区商业升级为一种市场、地块、互联网及消费者四大核心要素构成的综合性商业平台和社交平台，价值创造能力显著提升。

在城市零售业态空间布局方面，城市商业中心虽然仍凭借商圈、交通、品牌优势，拥有较多的客流量，但边缘地带也在快速崛起，尤其是日用百货商品及生活便民服务逐渐向社区转移。

20世纪50年代，美国成为社区商业诞生地，20多年后，社区商业才被推广到亚洲，而在我国出现的时间则要到改革开放后。近年来，我国城镇化进程日渐加快，体现出了一定的社区城郊化特征，催生出了一些规模庞大、功能完善的现代社区，再加上城市中心房租、土地、人力成本不断攀升，使零售市场从城市中心向大型社区转移。

而现代社区居民受教育程度和综合素质相对较高，购买力较强，品质消费需求尤为旺盛，从而使社区商业发生重大转变。定位、规划、经营管理等受到社区商业从业者的高度重视，无序、散乱的小型杂货店向品牌连锁转型升级，从销售商品转变为集购物、休闲、娱乐为一体的综合体验中心。

从盈利角度来看，休闲、娱乐等各类服务比单纯销售产品有更为广阔的盈利空间，能够进一步提高现有门店资源利用效率，获得更高的利润回报，而且能够摆脱同质竞争与价格战的泥潭。

2.1.3 创业法则：掘金社区新零售蓝海

凭借人口聚集、消费意愿强烈等方面的优势，现阶段，在北京、上海、广州等一线城市，社区商业消费规模在社会消费品零售总额中贡献的比例已经达到了33.3%。而在成熟的零售服务市场中，这一数字可以达到60%以上，也就是说，社区商业规模仍有广阔的发展前景。未来，创业者及企业要想在社区商业中掘金，必须重视并做好以下三个方面：

图 2-1　社区新零售的创业法则

1. 注重互联网技术的渗透与应用

新零售强调线上与线下、实体与虚拟的深度融合，在掘金社区商业的过程中，创业者及企业要充分利用互联网技术与工具，对社区商业项目进行改造升级，提高经营效率，降低经营成本，不再拘泥于线上取代线下或者是线下取代线上，满足用户的全渠道、多场景购物需求。

以盒马鲜生为例，阿里的盒马鲜生可以视作为对线下超市零售业态的颠覆性变革，门店同时提供菜市场、餐饮店、超市等多种功能。消费者可以在门店直接购买，也可以通过App线上购买，线上购买的用户可以享受到半小时内送货上门服务（要求送货地址在门店方圆3公里以内）。

人流量庞大的社区尤其是受到盒马鲜生运营方的青睐，在门店购物时不能使用现金或银行卡支付，仅支持阿里的支付宝付款，需要下载盒马App并安装支付宝完成付款。

用户可以使用淘宝或支付宝账号注册并登录盒马App，盒马鲜生之所以采取这种做法，很大程度上是为了追踪用户数据，更为方便地进行客户关系管理。当数据库中的用户消费数据积累到足够的规模时，就可以为每个用户描绘出立体化的用户画像，从而开展定制营销，优化选品及库存，制定更容易被用户接受的价格等。

盒马鲜生CEO侯毅指出，2017年盒马鲜生在全国7个城市中开设了25个门店，购买力较强、示范效果好的北京市场将是重要发力点。2018年北京市场门店数量由现有的5家增加至30家，且都是采用直营模式的、5 000～10 000平方米的大型门店。除了盒马鲜生外，目前国内市场中类似的社区商业创业项目还包括京东的7Fresh、苏宁的苏鲜生以及永辉的超级物种等。

2. 注重社区商业的独立创新

据官方公布的数据显示，目前我国社区总量为18.33万多个，总面积为275亿平方米，城镇社区居民人数7.7亿人，不同社区的人口规模及结构、消费习惯等存在一定差异。所以，想要掘金社区商业的创业者及企业还要积极进行创新，才能满足日益个性化、多元化的用户需求。在不同的社区中直接复制，很难长期生存。

部分创业者借助资本方提供的资金支持，并积极引入大数据、云计算、物联网等新一代信息技术，打造一站式社区共享平台，为社区居民提供优质而完善的便民服务。虽然尚未找到合适的商业模式，但在社区内已经建立了良性口碑，未来发展空间相当广阔。

不难发现，通过传统行业转型切入社区商业的商家通常缺乏互联网思维，更多的是将资源与精力集中在某一个细分领域，难以让社区居民的购物、餐饮、文

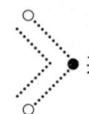

娱、健康等本地化生活需求得到充分满足。要想解决这种问题，更多地需要转变思维模式，以平台思维整合企业及行业内部及外部的各种优质资源，构建起一个完善的综合性开放平台，通过多方合作让社区居民绝大部分的消费需求可以在社区内得到满足。

3. 丰富功能配套，合理跨界搭配

社区商业的核心服务对象是社区居民，而消费升级驱动下，人们的购物消费愈发多元化、个性化，所以，社区商业创业项目要运用跨界思维，丰富功能配套，为社区居民购物消费提供更多选择。以贵阳万科生活汇为例，该项目同时提供教育、餐饮、超市、美容美发等多种本地化生活服务。在餐饮方面，不但有贵州人喜爱的酸与麻辣口味，还有潮汕口味及云南风味的各种美食。

传统购物中心对庞大客流量所引发的过客式消费尤为重视，所以，往往会投入大量营销资源保持较高的客流量。而万科生活汇致力于和消费者建立强有力的连接关系，让消费者能够获得丰富的情感体验，满足目标用户工作、学习以外的所有本地化生活消费需求。

在业态布局方面，万科生活汇遵循以用户为中心、为用户创造价值的核心理念，选择那些质量有保障、能为用户创造情感价值、降低用户购物成本的品牌。其目前的品牌结构为：新锐品牌占比20%，个性化品牌占比30%，主流品牌占比50%。这充分体现了万科不仅是想要成为房地产开发商，更希望能够成为一个优秀的社区服务配套商，真正融入到广大社区居民的生活之中。

2.1.4 盒马鲜生：社区新零售运作模式

自2016年马云在阿里云栖大会上提出"新零售"概念以来，新零售便成为零售领域最受瞩目的一个话题。"盒马鲜生"（以下简称盒马）作为阿里巴巴自营

的生鲜类商超,通过打通融合线上、线下场景,颠覆了传统零售模式,成为探索新零售模式的先行者之一,并取得了不俗的发展成效。

经过一年多的运营,盒马门店数量扩张到20家,覆盖上海、北京、深圳等地。相关数据显示,盒马鲜生的坪效(即每坪的面积可以产出的营业额)是普通商超的3倍,线上订单占比超过50%,用户转化率高达35%,远高于传统电商模式。

作为新零售理念的探索者和实践者,盒马鲜生颠覆重构了包括仓储、收银、点餐、销售管理等在内的传统零售价值链的每一个环节,其宣称的"线上、线下双通道结合""来自全球103个国家超过3 000种生鲜类商品""自带餐厅、即买即烹""5公里内30分钟送达""全程无现金操作"等内容更是吸引到整个零售行业的高度关注和热议。

下面我们从价签管理、仓储配送和餐厅体验三个方面对"盒马鲜生"的新零售运作模式进行简略分析。

图 2-2 盒马鲜生的新零售运作模式

1. 价签管理

盒马能为顾客提供"来自全球103个国家的3 000多种商品",然而这也对商超的价签管理提出了更高要求。面对商品数量众多、品类快速更新和价格浮动频繁的状况,盒马采用了东大集成公司提供的全新AUTOID9手持终端设备。

作为东大集成最新推出的手持终端,AUTOID9在保持以往AUTOID系列产品良好性能的基础上,增加了单手操作按键并在外形设计方面更加符合人体工学原理,同时还大幅减轻了设备重量,实现了全配270克的超薄设计。这为盒马超市应对节假日的超长营业时间和超大工作量提供了坚实的技术支撑。

对国内众多实体零售门店来说,营销形式创新固然有助于短期内增加销售业绩,但实现门店运营降本增效才是在日益激烈的零售市场中站稳脚跟、实现长远发展的根本保障。对此,盒马与国内领先的终端设备制造企业合作,其"依托尖端技术提高效率、应用高端设备控制成本"的做法,为其他零售实体店提高管理效率、降低运营成本提供了有益启发。

2. 仓储/配送

除了能够有效支持长时间高效运行的门店管理工作,盒马选择东大集成全新AUTOID9手持终端的另一个重要原因是其在仓储配送环节同样有着很大优势,能够帮助盒马更顺利实现对顾客承诺的"5公里内30分钟送达"的配送服务。

消费者提交订单后,商品需要经过分拣、打包、分配订单等一系列环节才能进入物流配送过程,任何一个步骤出现差错或延误,都可能导致无法在承诺时间内将商品送到顾客手中。全新的AUTOID9手持终端则可以帮助盒马将分拣、打包等操作压缩到1分钟之内完成,为配送环节腾出更多时间,从而顺利实现"30分钟送达"的服务承诺。

3. 餐厅体验

盒马采用"商超+餐厅"的综合经营模式，提供现场烹饪服务，为顾客带来了传统商超中没有的餐厅体验，从而赢得了众多消费者的青睐。不过，要想为顾客提供优质的餐厅体验，必须处理好有限的餐厅面积与流动的客流量之间的平衡问题，最大程度减少顾客的等待时间和操作步骤。

对此，盒马在餐厅中配备了可适用于不同场景的工业级平板电脑 AUTOID Pad，除了具备超强的性能和稳定性，该设备还能基于不同场景下的工作需要搭载不同配件，实现"一机多用"。

具体来看，顾客在盒马餐厅点餐时，工作人员会将点餐内容录入 AUTOID Pad 并实时传输给后厨，从而大大缩减了点餐时间；点餐后顾客可直接在 AUTOID Pad 中进行线上支付，避免了人工收取现金和找零产生的时间消耗；餐点配齐后，工作人员可通过 AUTOID Pad 向顾客发送取餐消息，让顾客自己前来取餐，从而既节省了餐厅采购取餐器的费用，也有效避免了顾客长时间排队等待对餐厅空间的占用。

新零售需要新技术、新设备的有力支撑。盒马鲜生对传统零售产业链中销售管理、仓储配送、收银、点餐等环节的颠覆重塑，正是得益于手持终端等智能设备的不断升级，这也是盒马敢于向消费者做出"5公里内30分钟送达"等诸多服务承诺的重要原因。

2.2 社区O2O：构建智慧社区解决方案

2.2.1 揭示社区新零售特征与运作模式

奥尔黛丝总经理吴华先生分享："作为一种新概念，社区新零售自然有其新

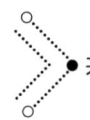

特征,上面提到的爱鲜蜂、顺丰优选及京东到家仅是社区新零售项目的冰山一角,由于其规模、资源、品牌影响力等方面的优势,而被大众认识,市场中还存在大量中小玩家。从整个社区新零售领域来看,这种新特征已经在相当多的细节方面得到了体现。"

社区便利店是一种有着多年发展历史的社区零售业态,已经被贴上了传统社区零售的标签,但在富有创新精神的7-Eleven探索下,其便利店已经脱离了传统社区零售业态的范畴。同时,电商平台纷纷发力社区消费场景,积极和社区便利店等商家合作,解决最后一公里配送及售后服务问题,此外,社区便利店的经营品类及服务内容也得到了极大地拓展,促使社区新零售玩法愈发丰富。具体来看,社区新零售的新特征包括以下十四种:

(1)新消费方式。在传统社区零售模式中,消费者是在线下社区内的商超、水果店、餐饮店、便利店等门店中购物消费;而在社区新零售模式中,可以直接在线上下单并交易支付,而且可以享受送货上门服务,消费更为便捷,时间成本大幅度降低。

(2)新用户特征。不同用户群体特性,决定了其消费方式会有一定的差异,40岁以下的社区用户愿意进行线上购物,购买的产品以水果、食品及饮料为主;而40岁以上的社区用户尚未养成线上购物习惯,购买的产品以日用、蔬菜及厨卫产品为主,当然,这也意味着这一群体未来有广阔的社区新零售探索空间。

(3)新市场环境。具备强大连接能力的互联网,使社区市场竞争更为激烈,商家不再只是和社区附近的门店竞争,还要和互联网中的线上卖家同台竞技。社区零售门店经营品类及服务内容界限被打破,比如:便利店也在销售快餐、水果,提供快递代收服务等。

(4)新经营品类。社区零售经营品类得到极大的拓展,在相当长的一段时间

第2章
社区新零售：构建智慧社区服务生态圈

内，社区便利店主要销售日用百货，而近年来，水果、餐饮、生鲜已经成为社区便利店的重要品类，熟食店、烘焙店在社区内的表现也相当抢眼。

（5）消费新动能。在社区消费场景中，很多时候，人们因为出门太麻烦或者没时间而放弃购买一些产品，得益于社区零售门店提供送货上门服务，使这类消费具备了落地基础，成为促进社区消费规模进一步扩大的重要推力。

（6）新运营理念。在竞争更为激烈、复杂的局面下，运营的价值得到了充分体现。此前，社区门店普遍采用坐店等客的经营模式，如今则需要充分借助各种互联网工具分析用户需求、开展线上线下的营销推广、进行客户关系管理等。只有具备较强运营能力的社区门店，才能使自身从激烈的市场竞争中成功突围。

（7）新商业规则。此前，社区商业带有一定的熟人关系色彩，一家社区门店的辐射范围相对有限，用户基本就是附近的社区居民，用户和门店经营者之间往往能够建立一定的信任关系，甚至有些用户在遇到突发情况时，还会请店长帮忙照看小孩。但电商渠道的出现，意味着消费者有了更多的选择，门店辐射范围也进一步扩大，此时，门店想要留住更多消费者需要提供多元优质的服务。

（8）新服务态度。在商业规则发生变化的背景下，服务态度也应该做出相应的调整，社区商家要在提供优质低价产品的同时，还要为其提供各种便民服务，使其获得电商购物中无法获得的购物体验，从而赢得其认可与信任。

（9）新竞合体系。部分社区电商零售创业公司，依托强大的移动互联网从线上渠道获取海量用户，并和上游供应商建立了长期稳定的合作关系，从而以平台模式吸引社区门店加盟。显然，此时社区电商零售创业公司和社区门店既存在一定的合作关系，也存在一定的竞争关系。

（10）新营销方式。传统社区零售门店的营销玩法相对有限，通常就是降价、满减优惠、赠送礼品等方式。而在互联网的加入下，营销有了更多的新玩法，尤其是在那些世界杯、中秋节、端午节等重大事件时间节点，社区零售门店可以通过互联网为自身引入庞大流量。

（11）新品牌运营。传统社区零售门店普遍缺乏品牌意识，在品牌建设方面未能投入足够的时间与精力，很容易陷入同质竞争与价格战的泥潭。而在社区新零售模式中，品牌建设受到了高度重视，它是让商家和竞争对手实现差异化竞争的有效途径，是企业核心竞争力的重要组成部分。

（12）新参与主体。越来越多的创业者及企业认识到了社区商业拥有的广阔发展前景，从而使社区商业的参与主体变得愈发丰富，除了行业内部的社区零售门店、电商企业等玩家外，金融机构、运营商及物业也参与其中。

（13）新客商关系。在流量成本不断攀升的局面下，能够和用户建立长期稳定的连接关系变得尤为关键，这不仅有助于留住用户，还能让商家根据用户的个性化需求，发掘更多的新产品及增值服务，从而获得更多的利润增长点。

（14）新产业关联。社区零售在社区O2O商业体系中扮演着关键角色，阿里、亚马逊广泛的业务板块，向我们充分证明了零售具备入口属性，能够为发展其他产业提供庞大的流量等资源支持。当然，要想将零售发展成为入口绝非是一件简单的事情，需要经过长时间的积累与沉淀，拓展出宽广的行业护城河。

社区消费环境发生重大改变，各路玩家的思维模式与经营理念也需要进行优化调整，社区新零售的广阔发展空间也值得从业者投入一生的精力去探索与发掘。但需要注意的是，社区新零售如今仍处于探索阶段，爱鲜蜂、顺丰优选、京东到家等发展较为良好的玩家仅是迈出了一小步。未来，想要从该领域夺得一块较大的蛋糕，还需要解决用户习惯培养、技术、盈利模式、供应链等诸多方面的问题。

2.2.2 社区O2O：打造社区零售生态圈

从诸多社区O2O探索项目的实际发展情况来看，社区电商零售无疑是发展前景最为广阔、变现能力最强的核心业务之一。需要明确的是，此处的社区电商零售并不简单地局限于线上电商，它还覆盖了传统实体零售。

社区新零售是一种借助互联网、物联网等连接工具，重构社区零售服务的全新零售模式。社区电商零售也是一种新零售业态，在阿里、京东、苏宁等大型企业的新零售布局中，我们往往能够看到新零售项目更加侧重于购物中心、百货商场等大型零售业态，虽然线下社区零售店规模相对较小，但它是人们生活中的重要一环，爱鲜蜂、京东到家、顺丰优选等都是社区新零售项目的典型代表。

社区商业涉及了商超、生鲜、烘焙、配送、便利店等多种业态，某一创业项目可能同时包含多种业态。以爱鲜蜂为例，有的人将其视作便利店，有的人将其视作社区电商，还有的人将其视作配送服务公司。事实上，我们可以将其统一归属为社区新零售。

对正在快速崛起的社区商业从业者而言，能够对"社区新零售"概念达成一致十分关键。这不仅有助于从业者真正理解其内涵与逻辑，探索行之有效的发展路径，而且能够让这一新兴业态被外界所接受，得到资本方、消费者、政策制定者等多方支持。

新零售模式的关键在于实现零售业态各个环节线上与线下的深度融合，而顺丰优选、京东到家等社区电商零售企业都在这一方面投入了大量资源。以顺丰优选为例，顺丰优选是在线下实体店的基础上发展线上，我们不能简单地将其归属为社群电商项目或者是社区传统零售项目，而应该将其称为社区新零售项目。安尔娜是一个专注胸部护理、保养的品牌，上市不久，通过社区营销，打通了社区零售生态圈，在全国开了近2 000个合伙门店，成为服饰行业新零售的学习榜样。

京东到家也是如此，它帮助药店、花店、便利店等实体商家连接社区用户，在发展线上业务的同时，也为线下实体店提供优质服务。如果将其划分为社区电商并不能很好地概括其商业模式，而用社区新零售则可以很好地解决这一问题。

提出社区新零售的概念，并非是为了炒作新概念，而是想要让人们能够更为精准地理解社区电商零售的真正内涵。毕竟市场中的探索者并非仅是爱鲜蜂、顺丰优选、京东到家等知名度较高、资源充足的公司，还有很多默默无名的创业者及中小企业。它们更需要社会各界能够认可其模式，以便得到资本方的信任与支持，能够沉淀一批忠实用户。

得益于新零售是当前社会各界关注的焦点，社区新零售概念的推广普及是一件相对简单的事情，而且可以用这一新概念取代此前的O2O社区电商，毕竟O2O项目死亡热潮影响下，资本方对投资O2O项目显得格外谨慎，这对那些真正有能力为消费者及投资方创造价值的中小企业相当不友好。

未来，随着阿里、京东等零售巨头在新零售领域的布局不断深入，社区新零售概念会随着新零售模式的推广普及而被社会各界接受，并涌现出更多的社区新零售创业项目。

2.2.3 社区新体验：解决社区消费痛点

O2O这一概念自诞生以来就备受人们关注，但现如今，随着新零售的出现，很多人都放弃了对O2O的深挖与探索，将关注点放到了新零售领域。但这并不意味着O2O已再无价值可言，事实上，O2O所隐藏的商业价值值得所有从业者深入挖掘，其中社区零售就是被整个行业忽略的最具挖掘潜力、最能带来直接收益的内容。

现如今，社区消费存在明显的痛点，这些痛点主要表现在以下三个方面。

图 2-3　社区消费中的主要痛点

1. 对"小微精品"的消费需求迅速增长

过去，在流行"三世同堂"家庭结构的年代，家庭消费需求偏向"多""大"，如水果以箱为单位购买、米面以包为单位购买等。但随着家庭小型化，家庭消费需求开始偏向"小""精"，如每次买很多种水果，但每种水果只买几个等等。但现如今，超市、水果店中"少而精"的水果价格往往较高，导致消费者需求无法得到有效满足。当然，这一点不仅体现在水果方面，在其他消费者领域也有体现。

2. 快递、便利店迅速发展，消费半径越来越小

近年来，我国快递业务迅猛发展，消费者网购商品一般在 3～5 天内均可收到。另外，为了争夺最后 1 公里，很多便利店都进入了社区，使得消费半径不断缩小。但消费痛点依然存在：

首先，快递的时效性不强，网购商品的配送时间短则 1～2 天，长则 5～7 天，如果是跨境商品这个时间会更长；

其次，便利店虽然满足了人们对购物便利性的需求，但商品种类不足，且商品价格较高，无法带给消费者极致的购物体验。

3. 商品流通环节多，供应链成本高

传统的供销模式包含了采、供、销等多个环节，中间夹杂着多级代理商，导致商品流通到消费者手中时价格已极高。另外，这种商品流通方式的时效性较差，无法满足特殊急需商品的供给需求。

在所有的O2O模式中，社区电商零售是一种最典型的模式，具有线上电商与传统线下零售的双重优势，可为上述问题提供有效的解决方案。事实上，对于新零售来说，社区电商零售也是一种非常重要的形式。只不过从场景方面来看，阿里的新零售注重变革购物中心、大型商超等在商业地产基础上形成的零售业态，而以京东到家为代表的社区电商则致力于将零售推进社区，积极在线下社区布局，将社区便利店打造成零售终端。

除京东到家以外，顺丰优选、本来生活、爱鲜蜂等也在积极布局社区电商。事实上，除这些高知名度、强资金实力的公司以外，还有很多创业公司进入了社区电商零售市场。这些公司的规模虽然小，资金实力也不强，但却在努力撬动整个社区零售市场。这些创业公司通过发挥线上、线下优势，打造了社区零售服务的新模式。

2.3 案例解读：星家加的社区新零售实践

2.3.1 星家加：开启智慧社区零售模式

星家加是深圳市启明星电子商务有限公司旗下的智慧新零售平台，依托在智慧零售领域的全方位布局，为零售企业提供零售一体化解决方案，从而帮助零售业实现从技术升级到业态升级再到消费场景升级的不断蝶变。

第 2 章
社区新零售：构建智慧社区服务生态圈

星家加基于社群的社区电商模式不仅为消费者带来了方便，也为自己的营销推广提供了方便，获得了极高的市场认可度与消费者美誉度。上面说这种模式是未来智慧零售的代表，那么该模式究竟在哪些方面体现了"智慧零售"这一特点呢？

1. 智慧的消费方式

首先，传统的社区消费方式就是消费者走进开设在小区附近的便利店、超市、水果店、蔬菜店等店铺购买自己需要的商品。但现如今，在基于社群的社区电商模式下，这些消费行为都可以在线上完成，并且消费者还能享受到送货上门服务。另外，这种消费方式也使消费者的消费习惯有了很大改变，并为社区零售奠定了扎实的群众基础。

其次，一般情况下，线上消费群体多为 25～45 岁的中青年，消费的商品品类主要是饮料、特色水果、海外商品等。45 岁以上的中老年群体更喜欢线下消费，喜欢亲自前往果蔬店、商场、超市选购商品。而基于社群的社区电商凭借质优价廉的优势，不仅吸引了中青年消费群体，还成功地吸引了中老年消费群体，让消费方式变得更加"智慧"。

2. 智慧的经营模式

随着市场环境的变化，零售企业之间的竞争愈演愈烈，社区零售业态的运营价值逐渐显现了出来。在引入互联网数据分析、社群客户关系管理、营销推广等内容之后，借助精准运营，社区零售可使交易额得以大幅提升。

首先，借助社群客户关系管理，社区零售能在较短时间内收集消费者需求；其次，借助精准化运营，社区零售可有针对性地向消费者推荐商品，刺激其产生购买冲动。某些时候，消费者明明有购物需求，却因各种原因（比如不愿出门、不方便出门等）没有产生购买行为。随着社区零售终端配送能力越来越强，这些消费需求可得到充分释放。

3. 智慧的营销服务

在消费升级时代，零售市场的竞争不仅聚焦产品，还聚焦服务。基于社群的社区电商是电商与社群的结合体。在这里，零售商要想获得发展机会，不仅要为消费者提供优质的商品和服务，还要有平易近人、极具亲和力的态度。

社区电商与消费者的关系和传统线下门店与消费者的关系、线上店铺与消费者的关系都不同，社区电商希望与消费者建立长久紧密的关系，星家加很好地做到了这一点。同时，相较于大型电商平台的分散促销模式来说，基于社群的社区电商借单点放大的方式聚集流量，对消费者反馈做出快速响应，使消费者需求得到了极大的满足。

现如今，市场环境愈发地复杂多变，消费者的消费需求更加精细、个性。在这种情况下，星家加致力于打造一种高效的零售新模式，基于社群的社区电商就是星家加不断努力探索的结果，但这个结果不是终点。

2.3.2 全面打通融合线上线下消费场景

消费升级大背景下，智慧零售将成为未来零售业发展的必然趋势，如何有效布局智慧零售已成为各方关注的主要议题。

体验经济时代，任何成功的零售运作都必须以消费者为中心、能够提高消费者体验。总体来看，人们消费理念、消费结构、消费习惯等的不断改变，要求零售运营必须向品质化、场景化、娱乐化、定制化、个性化、分享化、体验化等方面转型升级。商家必须改变以往线上零售与线下零售的分离状况，打通融合线上线下场景，实现整体化运营，以便为消费者提供多场景无缝对接的一体化购物体验。

第 2 章
社区新零售：构建智慧社区服务生态圈

新常态下，零售业日益呈现出多元化和领域交叉的特点。实体零售不断向着移动化、数字化、渠道多样化的方向转型升级，同时线上线下不同场景的全面打通融合成为零售运营的关键一环。

对此，星家加主要是依托自身强大的海外供应链管理系统、技术支撑和大数据分析能力，打造精细化、精准化运营的智慧零售云系统，从而实现人、货、场的高效精准对接与统一管理。

电商零售在数据获取与分析方面具有天然优势，不过当前面临着流量红利枯竭、获客难度和成本不断增加的困境；同时，传统线下零售的供应链体系也面临着降本增效、实现数字化转型升级的巨大压力。对此，星家加主要是通过数据整合分析构建多维度、多层次的分析洞察报表，从而为零售企业理解整体零售生态以及日常业务运营提供有力的大数据支撑。

新一轮消费升级的大背景下，传统实体零售和电商零售均面临着巨大挑战，全面打通融合线上线下消费场景的智慧零售形态成为我国零售业变革的主要方向，既充分满足消费者多元化、多层次、个性化、体验化等消费诉求，也为零售业发展带来新的契机和更大的想象空间。

2.3.3 基于社群的社区电商运营新玩法

1. 高效供应链

为了给客户提供更优质的服务，星家加在打通上下游供应链、降低流通成本、打造产业生态圈方面付出了诸多努力。星家加的供应链服务涵盖的内容非常多，包括仓储、通关、缴税、物流等，不依赖第三方，可有效地控制成本与风险。正因如此，星家加才能为社区电商提供高性价比的海外商品。

2017年6月下旬，湖南省突降大暴雨，湿热天气为蚊虫提供了绝佳的生存环境，一时间蚊虫四起。面对这种情况，星家加立即安排质优价廉的海外驱蚊产品进入社区，因为是国内保税仓直接发货，所以消费者很快就收到了这些驱蚊产品。

这些驱蚊产品质量好、价格低、配送时间短，有效地满足了社区消费者的需求，一天的销量就达到了1 000多单。另外，星家加还与国内多家果蔬供应商建立了合作关系，为消费者提供多样化的果蔬商品，让消费者足不出户就可以买到满意的果蔬生鲜。

图2-4　星家加的社区电商运营

2. 社区化运营

为了开展精细化运营，星家加以社群为基础建设了社区电商。借助社会化媒体工具，社群有效地提升了社群成员的活跃度，增强了其传播力，在增强用户黏性的同时也增进了与用户的关系。基于社群的社区电商的运营方式非常人性化，备受消费者喜爱。

因为在这种运营方式的作用下，过去一同乘坐电梯都互相漠视的邻里关系得到了有效改善，社区居民开始关心身边的人，开始关心社区环境。并且社群成员还将社群视为了感情交流场所，而不是单纯的商品交易市场，对"远亲不如近邻"有了更好的理解。正是在这种情况下，星家加的经营理念有所改变，从向消费者推销商品转变成了满足消费者需求。

另外，这种运营方式不仅能开展情景化营销，还能对用户反馈的问题做出及时响应。同时，在社区精准化运营的支持下，O2O备货问题也找到了有效的解决方案，先下单后发货模式使库存周转压力大幅下降。

3. 集约化配送

与单纯的"线上+线下"的O2O模式不同，星家加的社区电商融入了物流。并且，星家加的物流模式与阿里菜鸟"商业地产+社会化物流"的模式不同，它采用的是"社区电商+社区消费者"这种点对点的物流模式，在提升物流配送效率的同时也使商家与消费者之间的感情更加密切。

另外，现如今，无论是外卖平台还是生鲜配送平台，配送费用大约为5元/单，但社区化集约配送的配送成本只有0.5元，能有效吸引消费者。

星家加基于社群的社区电商不仅能满足社区消费者对商品的需求，还能满足其对服务的需求，所以这种运营模式不仅稳定了用户群，还提升了用户的参与度，使用户黏性得以大幅提升。从某种程度上来说，星家加基于社群的社区电商模式就是未来智慧零售的代表。

第3章

> 无人便利店：资本驱动下的零售新拐点

3.1 无人便利店：从概念到现实的回归

3.1.1 无人便利店模式崛起的主要因素

近年来，高速发展的智能科技在诸多领域得到应用。其中，"无人化"技术在零售行业的应用主要体现为无人便利店的投入使用。亚马逊于2016年推出无人商店"Amazon Go"，并对其进行了一系列技术测试，这一举动成为零售业发展的新亮点。如今，包括中国在内的多个国家都在积极探索无人零售模式，促进了无人便利店的发展。

在移动互联网时代下，国内零售行业也十分注重无人零售的发展，要想深入了解我国在这个领域的布局及发展情况，就要对现阶段下实践"无人化"模式的企业进行梳理，对我国零售行业的总体发展形势进行探索。在本节内容中，我们首先来了解一下无人便利店崛起主要因素：

（1）2007年时西方国家就开始研究无人零售模式，从2013年开始启动商用化，到2016年，世界多个国家及地区的无人便利店都已面市。

零售巨头沃尔玛的Scan & Go系统于2013年开始试用，消费者通过系统软件实施扫码操作就能完成结账，但该系统在熟食扫码方面还存在漏洞，且无法避免产品损坏及偷盗，最终没有推行开来。瑞典自2016年开始应用Nraffa的应用程序进行扫码结账，为当地的消费者提供更为便捷的零售服务。

我国第一个商用24小时无人便利店"缤果盒子"于2016年8月进入测试阶段。同一年，亚马逊的Amazon Go无人商店启动测试。日本罗森便利店于2016年

第3章
无人便利店：资本驱动下的零售新拐点

年底采用无人收银技术，在无人零售领域展开布局。次年，韩国 7-Eleven 推出"手付系统"，运用生物识别技术，让消费者扫手购物，自助结账。

（2）阿里巴巴无人超市"淘咖啡"于 2017 年 7 月在杭州推出，国内无人便利店的热度迅速提高。

"淘咖啡"实现了购物与餐饮的结合，能够满足人们的多元化需求。杭州淘咖啡店铺面积接近 200 平方米，如同一家小型超市。进店体验时，用户需登录手机淘宝，扫描淘宝会员店二维码，获得手机提供的电子入场码（二维码），在扫码之后获得许可，就能进店购物，消费者下单后，无人店将通过支付宝扣除货款。进入点餐区后，店内安装的语音识别系统能快速提取消费者的需求，帮助消费者迅速完成商品购买与支付。

（3）新零售获资本推动，无人便利店发展迅速，成为零售业改革与发展的代表形式。

首先，零售业发展迅速，其中，网络零售的表现尤为突出。国家统计局的调查结果显示，2015 年全年，我国社会消费品零售总额达 300 931 亿元，到 2016 年，这个数据增长到 332 316 亿，同期，我国实物商品网上零售额从 32 424 亿元增加到 41 944 亿，足以说明网络零售的发展之快。

其次，作为零售业态的一种，便利店迅速崛起，并得到资本的大力支持。小 e 微店于 2016 年 8 月完成 A 轮融资，总融资规模达 4 亿元；便利蜂于 2017 年完成 A 轮融资，资金数额达 3 亿美元；同年，24 爱购无人便利店完成天使轮融资；F5 未来商店完成 A+ 轮融资；缤果盒子完成 A 轮系列融资，小麦便利店获得总额达 1.25 亿元的首轮融资。

（4）主流快消品 B2B 平台发展迅速，能够解决无人便利店的商品供应问题，促进零售行业的变革。

我国比较有代表性的订货平台有：阿里零售通、惠配通、掌合商城。2017年4月至6月，这三家订货平台的活跃用户规模依次达到25.08万、9.52万与7.93万，平台启动次数分别为770.54万次、955.28万次、437.75万次；三家平台的使用时间分别为90.49万小时、49.99万小时、30.43万小时。这些庞大的数据足以说明快消品B2B平台受到诸多商家的青睐，在这种经济形势下，无人便利店的商品供应就能得到充分的保障。

3.1.2 无人便利店竞争发展的三个阶段

无人零售要经历长期的发展过程，在这个过程中，企业要进行阶段性的发展，前期要经历探索阶段，中期要进行割据相持，后期则要迎来最终的决战。

图 3-1　无人便利店竞争发展的三个阶段

1. 初级发展阶段

在这个时期，无人零售将在市场上涌现，并吸引投资者的目光，在这样的大环境下，越来越多的企业在无人零售领域展开布局。其中，无人货架对企业的技术要求不高，得到很多商家的青睐。相较之下，那些拥有技术优势且擅长供应链管理的企业将掌握更多的主动权，在技术方面落后、不能及时更新供应链体系的企业，则在竞争中处于不利地位。

2. 割据相持阶段

无人零售在初期阶段更注重公关活动，到第二个阶段后，企业则转移了工作重心，开始聚焦于供应链体系的改革与优化，并加大对技术研发的投资。面临在经营发展过程中出现的诸多问题，无人零售仍然要聚焦于核心要素的发展，从技术研发、供应链、用户运营及线下管理方面入手。

在技术研发方面，当无人零售的发展不断趋于成熟，相关的技术水平也会随之提高，技术服务企业将为无人零售提供更加全面的技术服务。当然，这是一个长期的过程，需要企业在技术研发方面加大投资力度，所以，在技术研发方面具备优势力量的企业将在竞争中掌握更多的主动权。

在供应链方面，当涉及供应链的企业越来越多地进军到无人零售领域，该领域将在供给侧发生改革，与无人零售相关的服务类型将更加丰富，服务的针对性也将大大提高，促进消费升级的发展。在这个时期，技术方面领先的企业将继续占据优势地位，在竞争中掌握更多的主动权。

另外，企业要提高自身的整体管理及运营能力。面对不同形式共同发展的组织结构，企业要对原有的管理体制及管理模式进行改革，实现机制层面的优化，充分运用自身积累的管理经验，提高管理者的综合素质。在这个过程中，企业要主动学习优秀的运营模式，注重计划的实施，在参与竞争的过程中突显自身的差异化优势。

3. 决战阶段

无人零售与传统零售存在许多差异，企业采用传统思维模式和发展策略，难以推动无人零售的发展,为此,企业要革新理念、创新模式,并注重对专业人才的培养,所以,只有那些找到革新之路的企业才能进入到无人零售发展的第三个阶段。在注重培养管理者、专业人才的同时,企业还要与产业链上其他环节的企业进行合作,在完成自身任务的同时发挥企业之间的协同效应,与实力型互联网企业、传统零售企业加强合作,从供给侧实现无人零售的优化发展,为消费者提供更加便捷的零售服务,推动整个行业的变革与升级。

作为一种新生事物,新零售承载着企业、投资者的希望,为了实现这个希望,企业要致力于各个方面的发展,为新零售的成长提供全方位的支持,并在发展过程中投入足够多的耐心。

3.1.3 零售的进化:占领高频消费场景

零售店包含多种类型,除便利店之外,还有服装店、药店等。与其他店铺相比,便利店占领了高频消费场景,因此更容易聚焦各界人士的目光。

以服装店为例,尽管从事服装零售的企业及个人不在少数,但与零售店相比,人们光顾服装店的频次较低,有的店铺只经营季节性服装,比如棉服、羽绒服等,消费者光顾这类服装店的频次更低。通常情况下,这些服装店难以实现忠诚用户的积累。

相比之下,人们光顾便利店的频次更高,能够为店铺带来庞大的流量基础,为其市场开拓提供有力的支持。正是因为如此,以阿里、华润为代表的实力型企业都纷纷在便利店领域展开规模化布局。

相对于其他类型的零售店,便利店更贴近人们的日常生活。根据调查结果,消费者到传统便利店所需的时间大约为10分钟。由于时间较短,消费者几乎不用做准备工作就能随时出门。相比之下,传统超市购物所需的时间成本要相对高一些。

第 3 章
无人便利店：资本驱动下的零售新拐点

根据调查结果，将准备时间及路程时间都计算在内，消费者到综合超市的时间成本大约为 15 分钟，到大型超市的时间成本大约为半小时。考虑到成本因素，不少消费者会产生懈怠心理，如果不是十分有必要，消费者会取消到综合超市或大型超市购物的计划。

相比之下，无人便利店更具优势。无人便利店类似于自动售货机，距离消费者的居所很近，只需 5 分钟就能到达，不仅如此，消费者还能在店内获得良好的消费体验。从这个角度来说，无人便利店有可能取代物流行业，完成电商的终端配送任务，使商品最终抵达消费者手中。

庞大的流量基础是无人零售唯一的价值体现吗？当然不是。除流量之外，实力型零售企业在无人零售领域展开布局，还能实现对数据资源的获取及价值挖掘。

随着数字经济时代的到来，无论是企业的发展还是人们的消费行为都将体现为数字化形式，占据高频消费场景的无人零售在运营过程中将涌现出海量的数据资源，企业则可利用这些数据把握消费者需求。

企业通过数据分析，在优化自身产品结构的同时，还能据此调整产品生产，根据消费需求制定生产计划。因此，实力型企业进军无人零售领域的目的，不只是为了争夺零售市场，更是为了获取数据资源及其蕴藏的巨大商业价值。

电商行业与传统零售店的区别在于，电商企业能够对消费者的相关数据进行收集与整理，具体包括消费者的联系方式、消费习惯、消费特征等。传统零售门店的消费者结账之后就离开门店，不会留下自己的相关信息。如果能够像电商企业那样，用数字化方式来收集顾客的消费信息，就能帮助企业实现更大的价值挖掘。

亚马逊于2016年年底发布"Amazon Go"并进入到测试阶段，自此，以缤果盒子、F5未来商店为代表的无人零售店都吸引了大批投资者的关注，并成功进行了融资。其中，缤果盒子于2017年5月完成A轮融资，资金数额达到1亿元以上；F5未来商店于2017年6月完成A+轮融资，资金规模达3 000万元。从一定程度上来说，正是因为亚马逊在无人零售领域的布局，让投资者认识到了该领域发展的巨大潜力。

从中能够看出，零售业的相关数据确实蕴藏着巨大的商业价值，海量的消费数据也是零售店吸引投资者的重要因素。

3.1.4　大数据驱动：无人便利店的核心

与其他零售店形式相比，便利店的消费频次最高，能够满足人们的日常生活所需，消费者在10分钟之内就能到达，所以，便利店非常适合进行客户调研与消费信息获取。

数据收集并非是近年来才兴起的，数字化时代之前，知名便利店品牌"7-Eleven"就开始注重对顾客信息的获取。消费者到前台结账时，便利店的工作人员会对其进行观察，获知消费者的性别，并对其年龄进行预测，使用专门的信息操作系统进行收集。

企业利用掌握的用户信息，结合顾客选购的商品类型、消费金额等因素，建立相对完善的信息数据系统，据此调整店内的商品结构及陈列方式。7-Eleven的这一举动，有效拉动了门店的销售额，同时帮助门店节约了成本。

在数字化时代下，零售企业能够采用先进的技术手段获取人们的消费行为数据。举例来说，亚马逊"Amazon Go"在店内设置的智能货架平面，能够感知消费者从货架上拿取商品的行为；还可利用摄像头对消费者在货架前停留的时间进行获取；为了提高对消费者的吸引力，其智能系统甚至能够自动调节商品价格。

第 3 章
无人便利店：资本驱动下的零售新拐点

从这个角度来说，无人零售非常适合进行市场调研与分析，能够帮助企业快速获取顾客的消费数据，为其发展提供精准的参考信息。

互联网时代下，企业聚焦于流量争夺，数字化经济时代中，消费数据成为企业的核心竞争因素。要想在激烈的市场竞争中占据优势地位，企业就必须加大在这方面的投资力度，注重对消费数据的获取与分析。

传统模式下，企业通过优化生产环节、改进自身产品来提高整体的竞争力。在数字化经济时代下，零售企业应该对客户需求进行把握，所以，企业要进行消费数据的获取与分析，进而了解消费者的实际需求，在此基础上提高整体运营效率，体现其竞争优势。

现如今，企业对大数据的应用正不断趋于成熟，相信在不久的将来，我们就能实现人工智能零售。

当零售企业能够实现对消费数据的充分利用时，就能通过零售便利店为消费者提供其日常生活所需的各类产品，且能够满足消费者的现场体验需求。在掌握顾客消费数据的基础上，零售店能够实现产品结构的优化，在运营过程中及时感知消费者需求的变化，据此调整店内的产品组合。

数据的应用是企业实现智能化运营的基础，人工智能系统具备自我学习能力，能够对在数据获取与分析的基础上做出科学、有效的判断。所以，企业要注重数据应用，利用人工智能技术促进无人零售模式的落地。

从根本层面上来分析，包括人工智能零售、无人零售在内的新零售，在运营过程中都要注重三个方面。

（1）可得性：人们的消费需求时时刻刻都在发生变化，如果消费者产生的需求在短时间内得不到满足，就会考虑放弃已经做出的消费决策。从这个角度来说,可得性能够给零售企业的发展带来重大影响。正是因为如此,很多便利店24小时营业,能够随时满足周边顾客的消费需求。

(2)体验:以往,产品供给无法满足人们的需求,产品本身是消费者关注的重点。在新零售时代下,各种各样的产品涌现在市场上,人们的消费选择更加丰富,产品带来的体验成为影响人们消费决策的重要因素。这也是许多主题商店获得快速发展的市场原因。

(3)内容:除了产品以外,零售企业还要重视相关的内容生产及运营。优质的内容输出能够吸引更多用户的参与,促使他们自发进行产品及品牌的推广。所以,零售企业要提高内容生产力,为目标消费者提供高质量的内容。

3.2 无人便利店的运营模式与落地策略

3.2.1 国内无人便利店的六大运营模式

(1)近两年,国内一线城市的无人便利店进入到测试阶段,多个城市推出无人便利店,这种新型零售形式呈现出良好的发展势头。

以北京、上海、深圳为代表的国内一线城市都启动了无人便利店项目,具体品牌包括上文中提到的缤果盒子、24爱购便利店、阿里淘咖啡、F5未来商店,以及EATBOX、TakeGo等。到2017年,北京推出3家无人便利店,上海推出1家,深圳推出1家,广州推出3家。

(2)根据消费者接触商品的方式来划分,无人便利店包括两种:封闭货柜式无人便利店、开放货架式无人便利店。

封闭货柜式无人便利店将商品放置在货柜中,消费者进店后只能在橱窗外观

第3章
无人便利店：资本驱动下的零售新拐点

看商品，而不能进行直接接触，只有根据提示信息，在机器上完成支付操作之后，才能确确实实地拿到商品。开放货架式无人便利店则允许进店顾客以触摸方式来体验实物，消费者可以直接拿起商品，在综合考虑之后决定是否购买。

（3）商品陈列及体验方式，与无人便利店的面积、资金消耗量、消费者体验方式等息息相关。

开放货架式无人便利店又可细分为两种：一种是从传统便利店升级而成的无人店，另一种是新建的无人便利店。前者通常位于高端商业区、社区，面积与一般的便利店无异；后者通常位于大学、科技园内及商务楼附近。经营的商品类型包括食品、快餐、日用品、应急药品等，每平方米可容纳50多种商品，店面规模越大，总体商品种类就越多，缤果盒子、小麦公社采用的就是这种方式。

封闭货柜式无人便利店更加注重设计，通常位于高端社区、科技园、地铁站内及高端写字楼附近，其面积小到10平方米，大到60平方米。经营的商品种类包括食品、日常生活用品、药品等。每平方米容纳的商品种类可达40种，24爱购、F5未来商店采用的就是这种方式。

（4）很多无人便利店致力于改进支付环节，从而提升整体消费体验。

消费者进店之后，无人便利店就会启动店内安装的信息识别系统，来收集用户信息，并对其消费习惯、消费特征进行提取，重点改进支付环节的操作流程，旨在为消费者提供良好的购物体验。

（5）多方参与无人便利店的运营。

生产企业、品牌方、消费群体是任何一种经济形态都包含的几大参与主体，除此之外，还有实体零售商、线上零售商、线上线下一体化平台等。对于无人便利店而言，移动支付平台、物流服务企业、技术服务企业、设备运维方等都是不可或缺的。

（6）不同主体的参与，通过不同方式满足自身发展需求，同时为便利店的发展提供各个方面的支持。

★品牌商。有的品牌商采用自营方式开设无人便利店，在运营过程中能够对用户信息进行获取，加强对终端销售渠道的控制；有的品牌商则专注于供货，从商品差价中获取利润。

★线上零售商。有的线上零售商以自营方式推出无人便利店；有的商家则聚焦于为无人便利店提供技术支持。

★技术服务商。技术服务商的运营方式包括三种。一种服务提供，比如软件服务、硬件支持、支付服务等；一种是平台运营，借助网络平台来满足便利店的发展需求；此外，服务商还可进行品牌营销，在为便利店提供线上服务的过程中，进行自身品牌推广。

★线下零售企业。有的企业采用自营方式，开设自己的无人便利店；有的企业则专注于广告宣传，在店内进行商品推广。

★无人便利店。采用自营方式的无人便利店能够独享经营利益；采用加盟方式的便利店与加盟商共享利益；还有的无人便利店在店内投放广告，以此获利。

3.2.2　无人便利店面临的挑战及其影响

1. 加强信息保护，增进消费者与便利店之间的情感联系

一方面，要重视信息使用的安全性，避免信息泄露。无人便利店在运营过程中需要收集用户的个人信息，具体包括用户姓名、性别、年龄等，有些智能识别技术还会捕捉用户的面部特征、指纹信息等。如果个人信息泄露，会给用户带来

很多干扰，危及用户的财产及生命安全。所以，要完善相关法律机制，建设统一的行业规范，保护消费者的正当权益。

另一方面，要增进消费者与便利店之间的情感联系。奥尔黛丝吴华先生分享："在传统模式下，很多便利店位于社区附近，经常到店内消费的顾客与店员比较熟悉，彼此之间会进行亲密的社交互动，拉近消费者与便利店之间的距离。无人便利店不仅要注重优化其运营流程，也要考虑与用户之间应该维持怎样的关系状态，在明确这个问题的基础上，无人便利店就能对自身服务体系进行优化，从整体上提升用户的消费体验，促使顾客到店内进行重复性消费。"

2. 无人便利店的技术应用还在探索时期，市场管理制度有待完善

现阶段下，无人便利店的相关技术发展还不成熟，便利店在经营过程中可能出现货品供应不足、商品损坏等问题，且导致总体成本居高不下。目前，业内对于无人便利店的技术发展方向和具体应用模式尚未形成一致意见。技术方面的不足，导致便利店的总体成本消耗较大，且在运营过程中需承担风险，这都是后续发展过程中需要解决的问题。

市场管理制度不完善，无法为无人便利店的运营提供有效的政策保障。当无人便利店的发展渐趋成熟，更多的企业会在这个领域展开布局，无人便利店会遍地开花。在这个过程中，相关的技术服务及物业管理问题会出现，在具体运营过程中还会出现其他方面的问题。但现阶段下，国内市场管理还未出台完善的政策，无法为无人便利店的进一步发展提供机制保障。

3. 无人模式将在更多领域得到应用，越来越多的场景将趋向于智能化发展

伴随着现代化智能技术的高速发展，大数据、云计算、人工智能技术将渗透

到人们日常生活的方方面面，越来越多的生活场景将实现"无人化"运营，带领我们进入到智慧生活时代。

3.2.3　无人便利店模式落地的四大关键

无人零售作为一种新型商业形式，蕴藏着巨大的市场潜力，其发展也涉及诸多因素。企业要想进军无人零售，就必须站在宏观角度考虑问题，提高自身的综合运营能力，对无人零售当前面临的问题进行深入分析，通过布局无人零售促进消费升级的发展。

无人零售的关键要素包括技术研发、供应链、用户运营及线下管理四点，目前无人零售面临的问题也集中在这四点上。

无人零售是对传统零售模式的颠覆性创新。从技术性角度来分析，企业在布局无人零售的过程中运用了更多的技术手段。从供应链的角度来分析，无人零售更加注重商品组合，且大大提高了配送效率。从用户运营的角度来分析，与传统零售模式相比，无人零售能够更好地满足消费者的个性化需求，并为其提供良好的消费体验。从线下管理的角度来分析，无人零售服务的流动性大大提高，与消费者之间的距离更近，服务更加精细化。

概括而言，无人零售的确蕴藏着巨大的发展潜力。尽管如此，无人零售在发展过程中也面临着许多问题。换句话说，无人零售的发展涉及诸多方面的因素，需要企业进行长时间的规划与布局。

技术研发、供应链、用户运营、线下管理不仅是无人零售的关键要素，也是无人零售与传统零售模式相比之下的优势集中体现，通过分析这四个要素，也能够得知企业需要在长时间内布局无人零售的原因。

第3章
无人便利店：资本驱动下的零售新拐点

（1）从技术方面来分析，无人零售的技术产品应用主要包括三种：无人便利店、无人货架、无人售货机，在技术门槛方面，无人零售店会采用射频识别技术、图像识别技术、生物识别技术等进行商品识别与管理。从这个角度来说，无人零售比传统零售更具技术优势。

国内智能零售企业深兰科技通过人工智能技术的应用进行店内的商品管理。为了防止店内商品被盗，深蓝科技采取了如下几项措施：首先，从视觉识别方面入手，在店内安装成像技术较高的摄像头，对消费者的行为进行监督；其次，减少店内的监控盲点，加强行为监督；最后，采用先进的技术算法，对进店消费者的行为与商品之间的关系进行分析。为此，无人零售店会在店内货架安装电子栅栏线，对消费者接触商品的行为进行快速、有效的感知，及时检测商品在货架上的状态。

（2）传统零售模式下，企业十分注重供应链体系的完善，长期的优化与沉淀使零售企业在这方面的优势十分突出。比如，7-Eleven能够按照其所在区域的特点对市场需求进行分析与提取，据此进行产品生产与营销。与小型零售店相比，传统商超在采购环节及仓储环节的优势十分明显，但对资金方面的要求比较高，具体运营的复杂性也不低。

在供应链方面，无人零售或者采用总仓供应模式，或者将总仓与前置仓相结合，又或者只采用前置仓供应模式，无论是哪种方式，无人零售仍采用原始的买卖采购关系完成门店的商品供应。无疑，这种供应方式无法与7-Eleven的供应模式相提并论，但无人零售在这方面拥有广阔的发展前景。从这个角度来说，无人零售要在供应链方面进行改革，就要学会应用数据技术进行货品供应与结构优化。

（3）无人零售十分擅长进行用户运营，能够实施精细化的用户管理与数据分析，拥有广阔的发展前景。

无人零售要通过线下渠道吸引消费者，并根据具体的场景、商品种类、消费者光顾门店的时间等对其消费信息进行统计，在此基础上实施精细化运营，给传统零售模式的发展带来挑战。具体而言，无人零售能够充分利用自身积累的流量基础，通过打造特定场景、提供优质服务等方式来提高营销针对性，并发挥流量本身的社交价值，在更大范围内进行产品、品牌的推广，扩大覆盖范围。

（4）对无人零售的运营及发展而言，单点运营效率的重要性远超过门店规模。与传统零售模式相比，无人零售在地址选择方面更加自由，可根据发展需求及市场环境，选择在商场、高端社区、商务楼附近等开设无人零售店。另外，传统零售要在房租方面消耗大量成本，相比之下，无人零售相当于自助贩卖机，无须支付昂贵的店铺租金。

相较于传统零售，无人零售更贴近消费者，为此，企业要注重对线下流量的获取及管理，这就要求企业注重团队化的运营，提高整体管理的规范化程度。为了突出在这方面的发展优势，企业要注重提高自身的运营管理能力，发挥团队成员的协同能力。

通过分析不难看出，无人零售的运营涉及诸多方面，但拥有广阔的发展前景。为了在消费升级时代下布局无人零售，企业必须站在宏观角度考虑问题，还要提高自身的综合运营及管理能力，使无人零售的发展符合时代的需求，从各个方面来提高线下运营的总体效果。

第4章

全渠道零售：以消费者为核心的渠道整合

4.1 全渠道战略：线上线下的深度融合

4.1.1 全渠道：电商与实体的无缝对接

【场景1】

艾米丽是一个追求时尚的女孩，她在逛街看到经过的路人穿着一双十分漂亮的鞋子时，便立刻用谷歌眼镜将鞋子的款式、颜色扫描记录下来，并在谷歌眼镜应用平台搜索到了这款鞋子和相关品牌，然后又通过平板电脑、手机等移动终端查询到了离自己最近的销售这款鞋子的商店，以及店铺的实时库存信息和配送信息等内容。

之后，艾米丽又利用相关的手机App进行模拟试穿并将快照图发送给好友，获得了好友们的一致好评。如此，艾米丽决定通过手机支付购买这款鞋子，并将自己的评论和体验分享到了社交媒体中。

【场景2】

当特雷西女士走入一家商店时，商店通过脸部智能识别和会员卡系统快速获取到了她以往的消费信息，将这些购买信息自动传送到店员蒂姆拿着的平板上，并提醒他上前迎接问候。当特雷西女士在店铺内浏览商品时，蒂姆根据获取到的特雷西网上购物篮中未结算的产品信息，有针对性地向她介绍其可能需要或感兴趣的商品，并向她表明现在购买可以享受到的各种优惠折扣。

特雷西根据蒂姆的介绍以及自己对商品的实际触摸和观感，决定购买该商品，但又不愿去收银台排队等候，于是直接在手机上完成了网上购物车中未完成的结算。如此，特雷西在线下完成了网上订购商品的购买动作，同时，她此次的产品消费信息也自动发送并保存到了商店的大数据库中。

第 4 章
全渠道零售：以消费者为核心的渠道整合

不论是第一个场景中艾米丽利用谷歌眼镜、手机、平板等移动智能终端进行购物，还是第二个场景中实体零售基于数据库信息进行精准营销、顾客利用移动终端完成支付购买，其共同之处都是通过打通融合线上线下渠道（数据库线上渠道的实体化、实体店线下渠道的网络化），为顾客提供了无缝对接的一体化购物体验，从而通过全渠道营销成功触发了消费者的购买行为。

纤姿蒂吴国华先生说："在以用户为中心的体验经济时代，全渠道战略已成为零售企业进行新零售变革转型的重要内容和方向，也是从根本上解决流量获取与留存难题的有效路径。"

全渠道的英文名称是"Omni-Channel"，其中"Omni"是"万能"的意思。简单来看，全渠道就是企业通过整合实体渠道、电商渠道、移动电商渠道等多种零售渠道，为顾客提供无差别的一体化购物体验，充分满足消费者任何时间、任何地点、任何方式的购买需求。

专注于客户体验研究的英国 Webcredible 网站对全渠道的定义是：通过多渠道整合协同，在不同渠道传递相同的品牌形象、价值以及标准化的服务，向顾客提供超越时间和地点束缚、可使用任何技术进行交流传播的渠道，最终为顾客带来多渠道无缝对接的一体化体验。

全渠道模式的快速发展也引起了我国研究者和零售业界的高度关注。高云老师认为，全渠道零售的核心是企业在保证用户无差异、一体化体验的情况下实现价值获取目的。另一位学者方芳则指出，全渠道战略的着力点是以顾客为中心建立与顾客的多渠道连接关系，使顾客在实体店、网上商城、移动终端等不同渠道获得相同的良好购物体验。

全渠道是在零售渠道日益多元化、跨渠道创新零售形态不断涌现的背景下，围绕顾客消费需求和行为特质，通过各种渠道的深度融合与无缝对接，将产品或品牌内容合理融入顾客日常生活方式和碎片化场景中，然后依托相关技术为顾客提供实时高效、愉悦便捷、连贯一体化的购物体验。世界零售巨头沃尔玛公司前CEO麦道克将其特征概括为"SoLoMoMe"，即社交化（So）、本地化（Lo）、移动化（Mo）和个性化（Me）。

从零售商角度来看，全渠道零售就是以顾客为中心，利用先进的互联网信息化技术实现线上、线下、移动平台等不同渠道的无缝对接、有机融合与一体化，向顾客传递一致的品牌、服务与价值。广州蝶采服饰颜伟鸿分析："从顾客角度而言，全渠道零售是突破时间、空间与渠道局限，7天24小时都能获得无缝对接的一体化购物体验的创新零售形态。"

4.1.2 渠道之变：零售发展的四个阶段

全渠道作为一种先进的零售思维与运营模式，受到越来越多国内零售企业的关注和追捧，特别是新零售概念提出以后，我国零售业从O2O向全渠道的推进步伐不断加速。

面对互联网电子商务的迅猛发展，众多传统零售商纷纷发力拓展线上业务，布局电子商务、手机终端等网上渠道，抢占虚拟市场。比如，每年的"双11"全民购物狂欢活动已成为各电商平台激烈比拼的"擂台"，家电销售第一的电商平台京东与流量第一的天猫平台之间的竞争更是被戏称为"猫狗大战"。

除了京东自营式的B2C电商模式，苏宁易购、当当网、一号店、凡客诚品等众多传统零售商也不甘落后，纷纷探索自身的线上运营模式，如一号店在国内电子商务领域首先推出"网上超市"模式，苏宁易购则构建了"云商模式"和"店商＋电商＋零售服务商"的多渠道零售模式。

这充分表明，包括家电企业、百货公司、超市、服装企业等在内的各类传统

第 4 章
全渠道零售：以消费者为核心的渠道整合

零售商开始从单一的坐店经营模式转向拓展线上虚拟市场和经营渠道，积极打造全品类、全渠道零售。除了传统零售企业积极拓展线上业务，阿里巴巴这类纯电商平台也开始将目光转向线下，通过多种方式布局实体零售，在拓展销售渠道的同时，也有效弥补了线上零售体验性和服务性方面的不足。

美国著名专业百货公司科尔士的多渠道执行副总 Krista Berry 将零售渠道的演化过程划分为实体店时代、电子商务时代、多渠道阶段和全渠道阶段四个阶段。

（1）实体店时代：以实体门店为主导的零售业态，表现为百货公司、商场、超市、购物中心等坐店经营模式。

（2）电子商务时代：互联网的快速兴起和发展完善催生了亚马逊、阿里巴巴等纯电子商务平台的大量涌现，主要呈现出两种形态——以淘宝为代表的将传统"集贸市场"转移到线上的 C2C 模式和以天猫商城为典型的将传统"百货公司"搬到网上的 B2C 模式。

（3）多渠道阶段：随着互联网基础设施和整体商业生态的不断优化成熟，苏宁、京东、凡客诚品等诸多传统线下零售商开始拓展线上渠道，积极进行多渠道、跨渠道零售布局，通过实体店、网上购物商城、移动端等多种渠道的有机结合获得更大的零售效益。

其中较有代表性也备受零售商青睐的是打通线上线下、实现"虚实融合"的 O2O 模式。O2O 不只是线上企业布局线下，为顾客提供更好体验，或者线下零售商拓展线上渠道，获取更多流量；也是线上、线下等不同终端渠道的无缝对接与有机融合。

（4）全渠道阶段：全渠道是指在多渠道、多媒体的背景下，顾客借助各种社交媒体获得了营销主动权，可以自主选择零售商终端渠道进行购物。换句话说，顾客可以在一种渠道（如网上商城）寻找、筛选商品，在另一种渠道（如实体店）对商品进行真实触摸和感知比较，最后在第三方渠道（如移动端）完成支付购买动作。

广州亲感觉品牌热拉提3D美臀裤创始人高明宝先生说："对零售商而言，全渠道零售就是对所有渠道进行深度融合，实现前台和后台系统以及不同渠道间的和谐、同步化、一体化，并结合社交媒体为顾客提供不同渠道实时联动的无缝化体验。简单来看，全渠道就是不同渠道间打通邮路，实现客流、店流、物流、资金流、信息流在各渠道间的高效自由流动。"

4.1.3 企业实施全渠道战略的障碍因素

虽然全渠道受到越来越多企业的认可和青睐，但作为一种创新性的零售思维与运营模式，我国零售企业实施全渠道战略还面临着诸多阻碍。

1. 外部环境制约

主要表现在两个方面，一是零售百货企业主要是通过租金和销售返点的方式获取收益，缺乏自营商品，对百货商场内的商品缺乏控制力，从而导致很多零售百货公司拓展线上业务时不能达到预期效果。

二是我国零售企业以中小型规模为主，十分碎片化、分散化。我国百强连锁企业中具有全国性影响力和业务布局的企业较少，大部分都属于区域性连锁零售企业，影响力、辐射范围、受众覆盖范围等较为有限。此外，这些企业自建电商平台提供的线上商品也存在同质化严重、品类少等问题，难以做到差异化经营，平台的流量、点击率、影响力等无法与淘宝、天猫、京东等大型电商平台媲美。

2. 内部环境障碍

除了外部制约，从企业内部环境来看，实现全渠道零售也面临着各种内部障碍：不同渠道间的流通壁垒、信息孤岛、孤立的订单系统、售后服务的协同、履约壁垒、不同渠道间的绩效核算与效果评估以及企业的组织结构、文化与内部流程改造等。

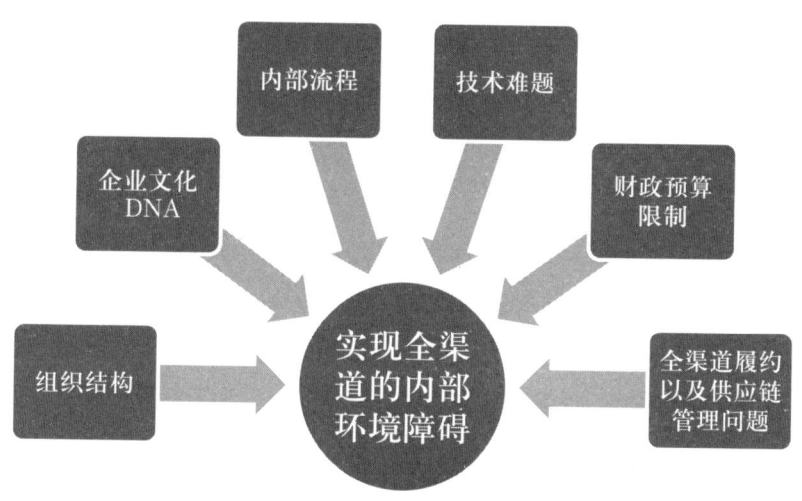

图 4-1 实现全渠道的内部环境障碍

（1）组织结构。作为一种全新的运营思维与模式，企业实施全渠道必须重塑内部组织结构，建立符合全渠道战略要求的组织架构。然而，越是大公司和成熟企业，组织结构就越复杂、越难以改造。同时，企业实施全渠道还要处理好由谁制定全渠道战略、如何分配预算、目标责任和具体的管理实施等方面问题。

（2）企业文化 DNA。实施全渠道战略还必须充分考虑到企业自身文化。每个企业在成长发展中都形成了独特的文化 DNA，当企业组建跨部门协同小组进行各种创新活动以及采用一些新的技术应用系统时，必须充分考虑到这种文化 DNA，制定适宜的衡量标准与激励手段，以增强员工对全渠道战略的认可与接受度。

（3）内部流程。企业内部流程难以改造且费时费力，因此，通过全渠道战略优化顾客体验，需要企业采用实时库存管理等全新的 CRM 工具，以打破"信息孤岛"，促进线上、线下不同渠道客户数据的贯通融合，实现精准营销，从而为顾客提供无缝对接的一体化购物体验。

（4）技术难题。全渠道零售离不开先进的互联网信息化技术的有力支撑，因此，技术瓶颈也是很多零售企业实施全渠道战略面临的一大难题：企业缺乏高水平的 IT 技术人员，不能开发出良好的软件技术平台，导致线上、线下在库存管理方面不统一、不透明、可视化水平低，难以实现不同渠道的无缝对接、互动与协同，从而无法满足全渠道零售的一体化要求。

（5）财政预算限制。全渠道战略涉及企业运营的方方面面，需要巨大的资金投入和高层领导的有力支持。然而，当前全渠道零售模式尚处于探索、创新、成长阶段，ROI（投资回报率）具有高度不确定性，导致相关部门难以说服企业高层投入更多资金资源打造全渠道，率先实现全渠道决策。

相反，多数企业更愿意采取比较稳妥的"跟随战略"，等待全渠道模式发展成熟后再全力进入。这种策略虽然大幅降低了实施全渠道的风险，但也意味着企业难以在全渠道零售竞争中建立先发优势，也失去了占领市场的最好时机。

（6）全渠道履约以及供应链管理问题（Omni-channel fulfillment）。全渠道履约要求实现"Buy anywhere，Get anywhere"，即实现任何时间、地点购买以及任何地方提货，且不会造成库存积压。显然，这对零售企业的供应链管理提出了更大挑战，要求做到"4P"，即选择（Pick）、打包（Pack）、配送（Process）、支付（Pay）的无缝对接和一体化。

传统实体零售模式中，实体商店就是订单履约的主体。然而，随着电子商务、移动电商等新零售业态的发展，跨渠道履约成为零售企业面临的一大挑战：如何履约，库存来自哪里，是由公司 CEO（首席执行官）、COO（首席运营官）还是 CIO（首席信息官）负责商品的跨渠道流动，不同渠道间的利润如何分配，如何避免渠道间的相互侵蚀等。

这些问题涉及零售企业的整个供应链管理运营，需要企业颠覆重塑当前以实体店为基础的供应链模式，探索构建适合全渠道履约的供应链战略。

4.2 企业构建全渠道零售的战略路径

4.2.1 为消费者提供无缝化的购物体验

广东凯迪集团创始人马庆渲先生说："全渠道作为一种极具发展前景的零售创新思维与模式，受到越来越多零售企业的认可和追捧，一些国际零售巨头依托自身雄厚的资源、资金与技术实力积极探索布局全渠道零售，有力推动了全渠道的发展成熟。当前来看，以消费者体验为中心、打通融合不同渠道的无缝化营销将成为零售企业实现全渠道战略的有效路径。"

全渠道零售的关键是要从消费者角度出发，提供便捷多元的购物渠道和无缝对接的一体化购物体验。简单来看，在信息极大丰富并快速更新的新媒体环境下，消费者青睐的是在Google或百度中那样简洁、一站式的搜索购物体验，而不是从碎片化、零散的众多购物网站中来回跳转寻找、筛选自己所需的商品。

因此，实现全渠道必须从顾客无缝化体验的角度出发，打破购物网站的碎片化、分散化和"孤岛化"状态，构建全国性甚至全球性的一体化购物平台，通过商品品类和货架的拓展延伸，为顾客提供便利化、多元化、一站式、无缝对接的购物渠道体验。

这种全国性乃至全球性的一站式购物平台类似奥特莱斯（Outlets）这种汇集众多品牌的"品牌直销购物中心"零售业态，通过构建跨行业、跨地域的线上平台,将百货、超市、连锁店、便利店等不同零售业态整合到一起,从而为顾客提供多种零售模式选择和无缝化购物体验。

需要注意的是,这种全国性购物平台应通过传递品牌价值实现差异化经营,构建自身核心竞争优势,而不是通过价格策略简单复制天猫、京东等现有电商平台的运作模式。高云老师认为,可以从以下三个方面进行分析:

(1)实体店的虚拟化。主要是在门店中增加各种互联网智能终端设备,设置沙发、咖啡饮品吧等专门的顾客休息区,提供免费 Wi-Fi、二维码扫描、POS 机结算等服务,使顾客在店内获得家庭网络购物式体验。具体包括含有商品信息、支付功能、可自动结算的展示屏和智能电视,能为顾客提供各种虚拟触摸体验的虚拟电视墙,以及为员工配置的可随时为顾客提供业务咨询和购物结算服务的平板电脑。

(2)网店平台的实体化。主要是解决顾客线上购物时不能对商品进行真实触摸而导致体验性不足的问题,一方面要尽量选择标准化程度高、易于描述的商品,另一方面也要利用图片、视频和参数比较等多种手段全方位、立体化地向顾客呈现商品,最大程度消除顾客顾虑。比如,对于服装类产品,电商平台可以积极利用先进的 VR/AR 技术为顾客提供犹如在实体门店中那样的虚拟试穿体验。

具体来看,电商平台要通过便捷的订货购物系统、安全的支付系统以及可视化的库存实时管理系统等实现货架的无限延伸,要打造顾客与商家直接对接沟通的平台和顾客购物评价反馈系统,要建立线上订货、实体店提货和退换货系统,要积极利用微信、微博等各种社交媒体扩散平台影响力,增强顾客线上平台购物的安全感和真实感,让顾客"买的放心"。

(3)对发展迅猛的移动电商而言,其实体化主要表现为:获取产品价格信息,进行购物单存储以及在不同移动设备间的共享,二维码扫描,便捷支付选择,店内导航,促销信息通知与优惠券发放,发货与物流配送信息通知,顾客打分与评价,专家评论,商品忠诚计划,在门店中与店员沟通,进行业务咨询并寻求店员帮助等。

4.2.2 基于全渠道战略的组织优化变革

除了向外联合更多伙伴共同实现全渠道战略,零售企业还要从组织内部出发进行全渠道变革。

1. 建立扁平化组织结构

实现全渠道战略,企业必须与顾客进行多点接触交流,具有更敏锐的感知力和更高效灵活的应对力,这要求企业内部组织结构转向扁平化。公司 CEO 负责全渠道的顶层战略设计;各部门统一认识,高度重视全渠道战略并设立跨部门、跨渠道的协作机制,实现不同部门和渠道的协调一致;内部员工则要认识到品牌建设的重要性,真正以顾客体验为中心展开各种行为动作,为顾客提供无缝化的优质购物体验。

图 4-2　基于全渠道战略的组织优化变革

2. 重构企业文化的基因

(1) 企业要打破部门、渠道间的"孤岛"状态，构建跨部门的全渠道模式。

(2) 要改变以技术为中心的传统组织结构，围绕顾客体验重塑内部组织架构，减少企业内部的制度性、文化性阻碍因素，使组织结构更加适应跨部门、跨渠道协作。

(3) 建立良好的客户关系，培育员工的全渠道意识，使员工突破单一渠道、单一部门的思维束缚，真正从顾客角度出发进行全渠道价值传递。

(4) 消除员工在分享知识、技能方面的顾虑，培育组织内部的分享文化。

3. 零售企业内部渠道流动

全渠道要求零售企业打通电商、店商、移动平台等不同购物渠道的壁垒，改变渠道间的"孤岛"状态，通过各渠道库存的一体化和可视化促进渠道协同运作。零售企业要站在全局高度实现渠道间货物的自由流动，即各分销中心不仅要承担本区域的门店库存维护问题，还要在其他分销中心、门店、电商和移动渠道库存不足时帮助其完成订单履约。

建朋老师说："零售企业应从消费者体验出发，按照就近原则将距离顾客最近的终端门店作为订单履约的第一主体。这意味着，终端门店要同时承担本店顾客以及网上和移动端的订单履约、顾客退换货等责任。"

这种打破不同购物渠道壁垒、实现渠道库存一体化的方式虽然增大了实体门店的工作量，但却有效消除了顾客在线上平台和移动端购物时对不满意商品的退换货处理问题；同时，就近门店履约和退换货，也有利于将线上顾客引流到线下实体店，促进购物，从而避免了不同渠道间的流量争夺以及实体店沦为线上零售的"Showrooming"(展厅现象);此外,就近门店提货和退换货也节约了零售企业的物流运送成本。

实现企业内部渠道间商品自由流动的关键是不同渠道互补协作,建立订单统一、库存透明、信息共享和物流配送一体化的共通共荣协作机制。

4. 搭建全渠道平台

全渠道平台主要由与顾客直接接触沟通的各个终端"前台"和为顾客的无缝化购物体验提供支持的"后台"组成。前者包括实体店、网店、移动 App、智能电视、目录、微信、微博、传统媒体、呼叫中心、社交媒体等。

后台则包括订单处理系统、结算系统、智能呼叫中心、库存管理和供应链管理系统、智能化 CRM、商品分类、促销与团购管理、第三方平台接口以及为这些系统提供支持的数据库处理系统,如企业内容管理系统(CMS)、产品信息系统(PIM)、顾客信息库(Customer Database)、企业资源计划系统(ERP)、订单管理系统(OMS)、库存管理系统(Inventory Management System)、客户关系管理系统(CRM)等。

4.2.3 精准营销:打造智能化 CRM 系统

全渠道战略的关键一环是构建智能化客户关系管理系统(Customer Relationship Management,简称 CRM),实现精准营销,为顾客提供无缝化、一站式的便捷购物体验。

1. 智能化的客服中心

全渠道战略要求零售企业的客户服务中心改变以电话和邮件为主的服务方式,积极利用各种社交媒体渠道,通过智能手机、平板电脑等移动终端实现与顾

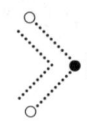

客的随时随地连接沟通。客服中心要进行互联网化变革升级，不仅通过电话、邮件等传统媒体渠道，也借助社交媒体、网上自助服务、实时聊天工具等多种渠道实现与顾客的多形式连接交互，从而实现任何时间、任何地点、任何渠道的顾客服务。

智能化客服中心还要实现客户自助服务与人工客服的无缝对接与一体化。企业要建立跨渠道、统一的客服中心，灵活有效地处理顾客从一种渠道转向另一种渠道的客服衔接问题，如从移动App、社交媒体渠道转向电话、邮件等多渠道沟通时，要保证客户服务的一体化和无缝对接。

在整个零售流程中，除了销售环节，客服中心也是与顾客直接关联沟通、接触最频繁、最紧密的部门。因此，智能化客服中心也担负着采集分析顾客信息的重要功能，如通过收集分析顾客的语音投诉或咨询信息及时发现顾客的消费需求及痛点，通过分析顾客的社交媒体数据获取顾客的消费偏好和行为等信息，从而为顾客精准画像提供有效的数据支撑。

此外，未来智能化客服中心还将超越顾客数据收集储存的单一角色定位，更多地连接顾客介入系统和企业后台办公记录系统。

2. 客户体验和忠诚计划

互联网新媒体环境下，每位顾客都可以通过社交媒体发表自己对某个产品或品牌的意见、评论和体验，也能够从各个社交平台中快速获取其他顾客分享的关于自己想要购买商品的看法和体验。同时，相对于商家发布的产品或品牌信息，顾客更愿意接受和相信其他顾客分享的内容。

这意味着，在网络平台中好评率较高的产品、品牌或零售商更容易获得消费者的认可和信任，实现更多销售并塑造出良好的品牌社区氛围。因此，零售商必须以顾客体验为中心实施全渠道战略，通过多种方式不断优化顾客体验，获得顾客好评和忠诚，从而最终实现产品销售、品牌塑造、忠诚度培育等目标。

从顾客角度来看，他们希望在任何时间、任何地点、任何渠道都能获得相同的商品、品牌、服务和购物体验。因此，实现全渠道战略，需要零售企业打破渠道间壁垒，实现多渠道、跨渠道的协同，保持品牌在不同渠道的统一形象；需要企业打通融合不同零售渠道和场景，通过线上、线下的优势互补为顾客带来一站式、一体化的良好购物体验。

3. 精准营销：促销与推销

在以消费者为中心的互联网商业时代，企业的任何行为动作都必须从顾客需求出发、围绕顾客体验展开，才可能获得预期成果。全渠道战略则有助于企业实现顾客精准画像，从而针对不同顾客的个性化特质与需求进行精准营销。

全渠道战略通过整合统一目标顾客的线上、线下数据库，可以获取顾客的网站关注、停留时间、购物车未结算商品、线下会员卡资料、会员卡消费记录等各方面的信息，进而通过大数据分析明确顾客的类型特质、消费偏好、需求痛点等，从而在最合适的时间、场景向顾客精准推送最需要的产品或品牌信息、优惠折扣券等内容，有效激发顾客的购买欲望。

随着互联网整体商业生态的发展成熟，电子商务、移动电商等线上零售模式发展迅猛，展现出强大的生命力；另一方面，传统实体零售虽然受到电子商务的巨大冲击，但在体验性、服务性、场景性方面却具有线上虚拟零售无法比拟的优势。因此，线上零售与线下零售不是"你死我活"的完全对立关系，而是可以打通融合、优势互补，实现全渠道零售，从而为顾客带来更好的购物体验。

在以顾客为中心的体验经济时代，谁能为顾客带来更好的购物体验，谁就能更好地吸引和黏住顾客，获取商业价值。从这个角度来看，全渠道战略不是零售企业一个可有可无的选择，而是未来零售业发展的必然趋势，是新零售变革的主要方向，因此，也必须成为零售企业长期战略发展的重要内容。

4.3 案例实战：国美全渠道战略转型之道

4.3.1 国美网上商城的三个发展阶段

电子商务的崛起为企业的发展带来了巨大的商机，在由互联网掀起的电商热潮中，众多企业为了紧跟时代潮流的发展，纷纷开始拥抱电商。而国美电器作为国内知名的家电零售连锁企业，国美电器筹备建设的电子商城耗费了一年半的时间，尤其是行业内的其他竞争对手正在加紧电商领域战略布局的时候，国美电器却在不紧不慢地遵循自己的战略节奏，这在刘强东看来简直是一件不可思议的一件事。

然而更令人惊讶的事情还不止如此，国美在一年半的时间里，专注于做的就是搭建自己的 IT 系统。"打补丁"的做法似乎已经成为国内 B2C 网站在发展过程中一种普遍的做法，随时随地地解决网站运行中出现的问题，而且这些网站的战略重点都主要集中在物流、人才以及仓储等方面。但是国美却在做 IT，这是很多人都无法理解的一件事。

但是这就是国美电商化的节奏，很难看清楚国美在其中所运行的商业逻辑。在外人看来，国美原本可以凭借其拥有的资源优势，在最短的时间里制定战略，然后快速地上线网站。然而国美却始终站在传统渠道的角度上来解析 B2C，看似有些传统的痕迹，但是在互联网发展所创造的一种极度膨胀的商业环境中，国美所进行的冷静分析以及理性扩张也算是一种良好的版本。

第 4 章
全渠道零售：以消费者为核心的渠道整合

前国美在线 CEO 韩德鹏几乎见证了国美电商化的进程，在正式上线国美网上商城之前，韩德鹏主要负责管理国美电子商务部，这也是国美传统的零售渠道走向 B2C 的初级阶段。在这一阶段，网站发挥的主要作用就是推广宣传，提高在市场上的影响力，从而促进产品的线下销售。

在当时，国美总部认为，网络是一种比较虚幻的东西，虽然可能会有一定的需求，但是网络购物平台还没有发展成熟，因此国美并没有制定统一的计划。虽然上线了网站，但是网站的主要的功能是与分公司实现对接，即便国美在做电子商务方面拥有巨大的优势，但是却很难体现出来。

当然，除了国美以外，大中、苏宁、永乐等家电零售企业工作的重点也是在线下，这主要原因在于当时线上销售所获得的边际收益要远远落后于线下，而且线上、线下的价格差异问题也没有得到有效解决。

在过去，人们普遍认为电子商务的出现是对传统渠道的一种颠覆，国美最初的电商逻辑很简单，就是将传统的线下渠道搬到线上，然而这不仅没有带来更高的收益，反而让收益变少了。因此，传统渠道在早期是非常排斥电子商务的。

后来，京东商城等网站的发展为国美提供了良好的借鉴，传统渠道的价值观反而成了国美重建价格体系的重要障碍，因此，国美不得不改变原有的策略。于是在很多问题还没有弄清楚的情况下，苏宁和国美都走上了电商化的道路。

国美网上商城项目刚开始是由一个 20 多人的团队负责运行的，将之前做的可行性分析落到实处。筹备国美网上商城一共经历了三个重要的阶段。

1. 第一阶段：勾画企业蓝图

国美网上商城希望成为一个独立经营的公司，可以拥有自己的财务权以及人事任免权，因此，就需要与国美集团总部进行谈判，尽可能地争取到更多的砝码，比如对集团资源的利用、公司的股权问题、网上商城的定位问题等。

比如关于网上商城的上线时间问题，按照韩德鹏的计划，打算在2011年年初上线，而集团总部认为这个时期上线不够稳妥，因此，对上线的标准提出了严格的要求。

在耗时三个月的时间之后，企业蓝图终于被成功搭建起来，国美网上商城成了一个独立的公司，与国美集团通过内部购买的方式实现资源共享。

2. 第二阶段：搭建系统蓝图

这一阶段是构建网上商城过程中最困难的一个阶段。由于在传统渠道中更加重视用户的体验，因此，在构建后台的时候遇到很多的困难。国美希望能利用IT操作系统实现用户可能会产生的需求。实现一些常规的用户需求还比较容易，但是如果发生换货、退货或者更换其他型号等情况的话就比较麻烦。一些个性化的用户需求甚至会发生财务方面的问题。

针对这些可能会发生的问题，韩德鹏也进行了深思熟虑，如果要规避这些可能会发生的风险的话，不可避免地就要影响用户的体验。比如，用户在网上商城购买了一台冰箱，在买冰箱的时候附带有赠品，后来顾客将冰箱退回，而留下了赠品。对于这个问题，顾客有理由不返回赠品。而且这个问题并不是普遍性的，大多数的顾客还是能够立即并且愿意退回赠品的，但是如果利用IT模型来解决这个问题的话，就有可能对一小部分顾客造成伤害。因此，在遇到此类需求问题的时候，韩德鹏都会用书面的形式将其列入服务条款中。

按照韩德鹏的计划，在2010年国庆之前就应该实现系统蓝图，但是国美一直在致力于追求细致和完美，因此，直到网站正式上线，很多系统蓝图还是没有实现，韩德鹏率领团队迅速进入了第三阶段的运作。

3. 第三阶段：执行和进行网站测试

2011年4月20日，国美网上商城正式上线，网站的效果远远超过了团队的预期，在最高的时候，浏览量可以达到90万，于是韩德鹏又根据实际情况对团队的目标进行了调整。

4.3.2 变革组织架构，整合渠道资源

伴随互联网发展而掀起的一股电子商务热潮，开始席卷国内整个商业领域。在几年之前，前阿里巴巴副总裁卫哲曾经预测，未来线下的零售巨头将不会再纠结于电子商务为何会崛起的问题，而是将投身电子商务的大军中，与纯电子商务企业共同争夺电子商务市场。而今的种种迹象都在一一验证着卫哲的预言。

近些年来，传统的线下企业纷纷涌入电子商务领域，开始将电子商务的发展推向一个新的高度。中粮集团作为世界500强企业，也在2009年创办了食品类的B2C电子商务网站——中粮我买网，成为电子商务大军中重要的一员，中粮集团之所以要靠开通电子商务渠道，就是希望能利用这一渠道缩短从产品生产到销售完成的流程，降低成本，同时缩短与顾客之间的距离，更好地倾听顾客的心声，为他们提供更加满意的商品。

国际上知名的零售连锁企业沃尔玛也在中国成功上线网上商城，为了满足国内消费者日益增长的在线购物需求，沃尔玛将在电子商务的发展方面投入更多的精力。

国美作为国内最大的家电零售连锁企业，也自然不会落于形势，致力于执行全新的组织架构，并逐渐加大在电子商务领域的投入。同时，这也预示着国美已经拉开了网上商城"全网连锁"扩张的序幕。

国美在利用网上商城开展线上扩张的时候,注意两方面的问题:一是网络销售与传统的线下销售存在很大的区别,因此,国美应该学会转换思维,开创一种不同于线下的经营方式;二是线下与线上之间可能会产生内部竞争,国美应该注意协调好线上线下的资源,让内部竞争成为促进线上、线下共同发展的重要动力。

国美在新一轮的组织架构调整中追求的是以中国矩阵式的组织架构:(1)核心:采购、销售等经营体系事业部制;(2)战略重点:品牌和战略规划;(3)服务平台:以物流、售后、人力资源以及先进的高新技术手段等为支撑。

在这一次的组织架构调整中,最显著的变化就是业务中心向事业部的转变,同时,国美的工作中心也开始向电子商务领域转移。

事实上,国美很早就已经跨进了电子商务领域,但是网上商城一直受制于国内不够成熟的网购环境,发展不尽如人意。

随着互联网的高速发展以及全面覆盖,越来越多的人开始了解和采用网上在线购物,网购需求日益增长,再加上苏宁易购的上线,让国美开始意识到国内的电子商务时代即将到来,必须紧跟时代发展的大势,并于2010年年底重新开启了电商战略。

4.3.3 国美"店网一体化"运营策略

家居电商企业的领头羊尚品宅配新居网的李连铸董事长在谈到公司的成功秘诀时提出了一个新的概念,即"店网一体化"。所谓"店网一体化",就是指利用传统的线下门店和网络经营的互补优势进行资源的整合利用,把1+1远大于2的优势充分发挥出来,从而开辟出一种全新的经营模式。

第 4 章
全渠道零售：以消费者为核心的渠道整合

在全球化互联网时代下，传统线下门店的空间障碍已经被互联网所打破，在消费者与电商之间架起了一座低成本、高效便捷的"桥梁"。而传统线下门店的优势在于满足了一些流量小、购买人群比较窄的行业，解决了他们在没有见到实物情况下购买欲比较低的问题。

以传统线下店面作为店网一体化的枢纽，将其打造成集物流配送、安装售后服务于一体的现代化企业集团。将这些店面用互联网连接成为一个遍及全国，乃至通往海内外的巨型销售网络。

在这种具有超强用户体验功能店面带动下，通过与客户的交流沟通来收集用户的反馈信息来动态的调节产品的价格，来谋求企业最大的利润空间。国美在线在这种强有力的发展模式带动下一跃成为电商企业中的佼佼者。

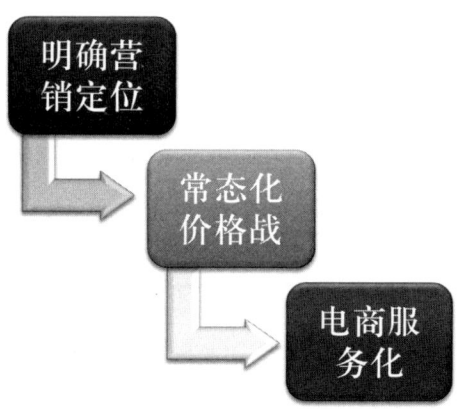

图 4-3　国美"店网一体化"运营策略

1. 明确营销定位

在营销定位上京东是国美学习的榜样，找准自己的定位，选准自己的消费者群，发挥自己的优势特点。比如，京东最初在人们心目中只是物流速度快的印象，然而后来针对网上商城的假货问题而提出了围绕"正品、低价"为特点的经营理念。事实证明，京东在这一战略上获得了巨大的成功。

国美在线要做行业中的领头羊，必须做好企业的加减法。在商品的采购力度、品种、质量与售后服务上做加法，结合营销策略的跟进打造自己在这些方面的主导地位。对于企业并不擅长的项目应该做减法，减持企业在这些领域中的份额，避免出现"大而不强"让企业发生行动迟缓的"虚胖"病态。

2. 常态化价格战

在市场份额被天猫和京东这两个巨头占据的形势下，国美在线应依托自己的线下门店，发挥自己的优势和竞争对手打一场持续的没有硝烟的价格战。

国美在线应制定积极主动的营销策略将价格战常态化，同时做好长期战斗的准备。牺牲眼前的局部利益来抢占足够的市场份额，从而为企业在电商3C领域争取到更多的话语权。

3. 电商服务化

随着时代的发展，以低价和高效为手段冲击传统行业的电商渠道化时代的结束。这一时代的结束代表着电商服务化时代的到来。商家要解决的不再是电商渠道化时代的存在于客单价和营销成本之间的矛盾，而是要针对消费者的需求提供一套兼具个性化与综合性的解决问题的方案。它不再针对某种单一的商品，通过对客户提供的独特而又具有魅力的方案来达到提升客单价，从而提升自己的企业利润的目的。

基于这一战略思考，国美在线建设性地推出了全力打造"国美家"战略，发展以家庭核心且集家用电器、家居用品、家庭装饰、智能电子产品为一体的全方位服务，推行先试后买策略。这为企业的发展提供了一个有战略意义的发展轨迹，下一步的国美在线要做的便是如何简化这一"国美家"电商服务化战略的实现。

4.3.4 国美全渠道转型的借鉴与启示

正如著名的《哈佛商业评论》所提到的一样,美国的零售行业主要采用的是零售商通过将互联网、社交平台、多媒体设备、移动电话……这些渠道整合为集多功能为一体的体验模式来与客户进行沟通。这种销售模式与"店商"模式如出一辙。

正如我们所发现的一样,在如今互联网全球化时代的潮流下,"渠道"一词正在慢慢地淡出我们的生活。消费者可以选择在现实中的实体店面中购物,也可以选择在网络平台上在线支付。这两种方式之间的转换几乎没有什么代价。美国的这种"全渠道"销售模式的成功在我国的零售行业引领了一番潮流,国内的企业开始探索适合国内经营情况的"店商"模式。

有了先进的运营模式仅仅是在成功的路上迈出了一小步,剩下的路还要看企业的实际运营水平。具体来看,国美"全渠道零售"战略的转型成功,主要得益于以下几个方面:

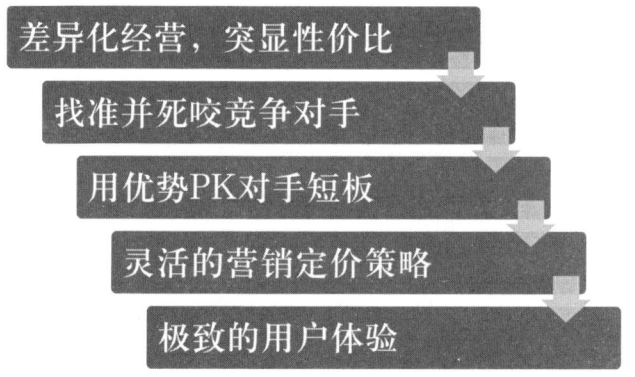

图 4-4 国美全渠道零售的转型之道

1. 差异化经营，突显性价比

国美通过掌控自身产品定价这一主动权，加之产品特色，充分突出产品的高性价比。比如，国美在销售电视机时，将其中几个受到消费者追捧的型号以包销定制的方式掌控其价格，消费者在选购产品时发现这几种型号的电视机性价比高，他们会认为国美的电视机都有这种优势和特点。不仅是电视，国美在其洗衣机、空调等产品上也应用这种销售模式，以此来获得竞争优势。

国美的销售方式能够为其他零售商家提供一些借鉴：一方面，通过自营方式突显自身的独特性，增加企业的营收；另一方面，在价格制定上，根据市场状况和消费者的核心需求选择合适的产品进行降价，以低价取胜。

但这种方式实施起来也并非容易，主要是零售企业的商品种类呈现多样化特征，在采取自营方式时需要有专业人员来进行详细的规划，另外，要在竞争中立于不败之地，就要突出自己的产品的特色，突出自己与竞争对手的差异性。

国美的这种营销策略还能够再深一个层次，那就是模仿小米的运营模式，参与到产品的生产环节，纳入自己对产品的想法，进一步突出自己的独特性。

2. 找准并死咬竞争对手

国美在线想要在竞争激烈的3C家电网购领域内有所突破，必须要和同为家电3C出身的京东一较高下。当时的京东在几个方面都远超国美在线，在京东这个商业巨头面前国美没有选择退缩，而是勇敢地"亮剑"，从而为企业制定出了一套内外结合的综合策略。企业增强自身责任感与使命感上下协作全力向京东发起挑战，外部大力加强宣传力度争取打造口碑良好的电商品牌。国美在线以与京东的追赶与竞争为源动力，争取在家电3C网购领域的利益蛋糕上夺得最有分量的一块。

3. 用优势 PK 对手短板

国美利用将近 30 年的时间在家电领域的运营积累了一些其他企业无法媲美的优势，有长久合作关系的企业遍布全球。国内的华为、格力电器、海尔，日本的索尼、松下，韩国的三星，美国的微软等都与国美建立了广泛的合作关系，国美得到的是更低的采购价格与新颖的产品，这就为国美与京东在家电 3C 领域的厮杀提供了一张具有重要意义的底牌。

在产品的售后服务方面，国美也在向京东学习，不仅如此，国美还利用自己的资源优势推出了"对家电进行回收、产品如有损坏上门维修、延长产品保修期"等一系列涵盖消费者从产品的购买、使用、更换过程中遇到问题的解决方案。

4. 灵活的营销定价策略

通过仔细观察便可发现与苏宁的"店网"价格一致相比，国美所采用的是更为灵活的价格策略。国美依据各地购买力与购买群体的差异性，因地制宜、因时而异地制定出一套完善的动态价格体系，极大地增强了自身产品的竞争力。

当前互联网全球化时代之下，市场已由传统的卖方市场演变为买方市场，企业抓住消费者的需求才能扩大自己的利益。销售模式上，国美依据网购人群的特点主打流行元素，以年轻化、科技化吸引了大批的网购消费者。在实体店中，国美则以过硬的技术、优质的服务、专业的技术来吸引消费者的眼球，为那些务实沉稳的消费群体提供了多元化的选择。

5. 极致的用户体验

用户就是上帝，国美在线奉行给用户带来极致体验的目标。在家电 3C 领域困扰商家的一直是产品的物流配送、安装、售后问题。为了提升用户体验，国美在线提出了现已覆盖将近 200 个城市的即时达和一日三送策略。在产品的售后服务上，国美制定了严格的用户体验细则，23个大环节与63个小细节基本满足了用户的需求。对于用户购买的产品，国美在线更是制定了"一个月的价格保护与无条件退货，3个月的只换不修"策略。

4.3.5　4P营销：打造一体化营销战略

1. 产品（Product）

（1）重视进口品牌的同时不忽视国产

国美集团诞生后很长一段时间内都把进口品牌作为自己的发展重心，当时，我国的家电企业一直依赖于进口家电品牌，主要是因为我国的消费者对国产品牌的信赖度不高，国产品牌也无法确保自己的产品质量。比如电视，国产的电视屏幕不够大、图像和色彩都不能满足市场需求，性价比低，无法与进口电视相比拟，消费者宁愿选购进口电视。

不过国产家电品牌的这种形式在20世纪90年代后有所变化，长虹彩电进行了两次降价，吸引了消费者的目光，国美电器针对其降价采取了行动，采购了部分电视机对外销售，此次销售活动大获成功。从此之后，国美电器调整了原有的方式，在重视进口品牌的同时不忽视国产家电。这种经营方式能够降低产品采购的成本，同时在竞争中取得了优势地位。

（2）联合产业链，强化智能手机

智能手机在市场上越来越普遍，国美电器内部管理层人士预测，该领域的发展将以手机定制为侧重方向，要在手机定制上如鱼得水，就要明确并熟知市场需求，围绕用户的需要进行产品定制来获取竞争优势。

基于这一战略考虑，国美与高通公司以及中国电信、中国移动和中国联通合作，与世界著名制造厂家共同分析智能手机的定制和发展方向。国美集团与高通公司的联手，在智能手机定制领域的协同作战是对产业链联合的创新，不仅如此，也能加快产业链的运作，这个举动能够让智能手机的价格更加低廉，智能手机的使用正在变得更加普遍。

另一方面，与高通公司的联手也为国美争取到了更多可利用的资源。这些都有利于满足消费者独具个性特点的需求，让生活更加便利。此外，还能提高智能手机行业的技术水平，促进我国手机领域的进步与发展。

2. 价格（Price）

国美电器的运营主要是根据市场行情来进行的。国美诞生时发展得并不顺利，其主要问题是没有可供使用的资金，不能进行大批量的采购，导致进货成本高，在产品上市时为了获取收益而持续抬高商品价格，商品因为性价比不高而在与同领域其他品牌的竞争中处于劣势地位。之后国美力图避免这个问题，商品即使在市场上非常畅销，也要及时销售，降低商品的价格，与其他商家同时销售同一款产品时，会采取低价竞争的策略来取得优势，而不会一味地提高价格来增加收益。

国美电器保持商品价格低廉的方法是通过承销和招标采购与商品生产商达成合作关系，在销售商品时凭借低价优势靠销量的提高来获利。

（1）承销营销模式

国美电器与产品供应商家达成合作，在销售量上向其做出保证。换句话说，国美电器的收益不是来自商品价格的提高，而是来自产品供应商。

承销营销模式是有风险的，如果国美如期实现了其保证的销售量，则能够以较低的价格从供应商那里采购商品，但是如果达不到其承诺的销售量，则无法从供应商那里得到让利，最终也会出现产品销售困难的现象。国美之所以采取承销营销的模式，是因为他们对市场状况的掌握，根据市场需求推出了一些商品降价销售活动，能够在价格上成功取得竞争优势。

秉持着对消费者负责的态度，国美与产品供应商进行磋商和洽谈，降低商品的采购成本，保证为消费者提供价格公正、低廉的家电商品，消费者从国美的营销方式中享受到了满意服务，就会在选购家电时首先想到国美电器。

（2）招标采购模式

以前我国的家电销售以卖方市场为核心，而今消费者的需求变得愈加重要，消费者的地位不断提高，国产家电不再像之前那样火爆，销售速度和数量逐渐下降。以前是由商品生产者决定产品的型号，经销商只负责商品的推广和营销。

由国美实施的招标采购模式使这种情况发生了改变，经销商在产品的生产环节具有了一定的发言权，围绕市场需求来进行产品的设计和生产，在这种情况下，国美顺势推出了"国美电器订货会"。

国美电器自实施招标采购模式以来举办了多次家电订货会，2013年，国美与七大家电品牌合作打造超级订货会。采用这样的营销模式，国美加强了货物供应商家之间的联系。另外，国美也根据市场需求进行商品定制，该措施使得国美在商品价格掌握了发言权，也能促使国美降价销售方式的实现。

3. 渠道（Place）

（1）继续发展国美的线下店面

国美电器将北京作为发展的核心地区，将其覆盖范围延伸至我国的多个城市，在位置上占据了优势。

第 4 章
全渠道零售：以消费者为核心的渠道整合

（2）网络购物平台的发展

互联网的普及及电子商务的迅猛发展姿态使得许多传统方式经营下的企业开始寻求与网络平台的结合。国美电器在我国家电零售行业中位列榜首，也加入电子商务领域中，发展网购平台，注重线下实体店的同时不忽视网络营销，为我国其他家电企业的发展做出了表率。

（3）完善物流

国美电器集团是我国家电零售领域中第一个建设具有技术支持的物流体系的企业，国美不再进行库存，而是通过商品的集中配送，这有利于更好地利用仓储资源，完善了整个物流体系。国美电器集团想要突出自己与竞争对手相比之下的优势服务，同时为了满足消费者的需求，对物流体系进行了更深入的完善，在国美总部建设了专业的物流部门。

国美在我国的二、三级市场建设成立的超过两百个外设库组成国美的物流链，其物流体系的覆盖范围包括我国 800 多个销售网点，几十万的消费者能够从国美的物流中享受货物运送。总部的专业物流机构处于核心的操控地位，分布在其他地方的物流部门与其相互配合，联系密切，能够高效率地进行运转。

4. 促销（Promotion）

（1）不采用商业返券方式

许多商家通过商业返券来经营，因为这种方式的运行完全由企业说了算，有些企业便将商业返券作为营销手段频繁使用，也有一些企业企图通过这种方式增强消费者的依赖性来获取长期利益。

商业返券的营销方式与国美本身采取的降价销售相冲突，也不能维护消费者的利益,所以国美不再采用这种经营方式。不仅如此,国美对商业返券背后的弊端和对消费者权益的不公进行了披露,这个举动引起了相关媒体的注意,并以商业返券为主题进行了报道。

国美对外表示不再采用商业返券方式后,对媒体提出的有关商业返券的不利方面的问题向消费者做出了解释,让国美在消费者心中的形象高大起来。国美的恰当反应,不仅保障了消费者的合法权益不被侵犯,也使得消费者继续选购国美的电器产品,这让国美在激烈的竞争中获得了优势,巩固了自己的地位。

(2)创新促销方式

在电器零售领域,许多商家采取了五花八门、方式各异的营销方式来进行商品的推广和宣传。对此,国美没有一成不变地去套用,而是将其进行了改造,根据市场需要加以调整,国美的此种策略成功地吸引了更多的消费者,也提高了销售者的积极性。他们推出的一系列活动,比如在晚间降价活动,还有为消费者提供的商品体验、产品以旧换新等一系列优惠活动。事实证明,这些活动推出后确实受到了消费者的欢迎。

4.3.6 国美与苏宁全渠道转型的比较

对于实现线上、线下覆盖的家电零售企业而言,物流体系是支撑其发展的重要支柱。国美网上商城不仅拥有广阔的物流布局和先进的信息化系统,还有完整的供应链资源以及强大的订单采购能力,这些都是支撑国美进军B2C领域的重要动力。

"云战略"是国美网上商城在经营中采取的战略,即在经营的过程中始终以数字化的消费需求为核心,同时打通上游供应商,与其研发以及制造系统实现无缝

第 4 章
全渠道零售：以消费者为核心的渠道整合

对接。通过这一战略，国美网上商城已经与国际上许多家电品牌达成合作协议，双方共同约定优化供应链、降低产业链的生产成本，让国美网上商城在价格上建立更多的优势。对于这一过程中产生的经营风险，双方共负责任。

许多传统的零售企业在刚跨进电子商务领域的时候往往会固守一些原则，这就导致在经营多年之后仍未突破盈利平衡点。而国美对于网上商城的发展方面却制定了硬性的要求，在三年之内要超过盈利平衡点；苏宁电器也表示，苏宁易购的定位从起步开始就是以实现盈利为目的。因此，为了能实现这一目标，国美和苏宁都非常注重供应链系统的完整性以及专业性。

与其他电商企业相比，国美的品牌、完善的物流体系以及丰富的供应链资源是其重要的核心竞争力，而且国美以及苏宁上千亿的销售规模也是其他电商所不能比的。此外，国美和苏宁在品牌议价方面更有优势。"实体+网销"的经营模式，要比京东单纯的线上经营更容易获得消费者的信任，同时也拥有更全面、完善的售后服务。

国美之所以推迟涉足电商的时间，其中一个原因就是怎样平衡线上、线下商品的定价，当然这也是众多企业在进军 B2C 领域的过程中都会遇到的难题。

苏宁易购的上线时间要先于国美商城，因此也最先遭遇了价格问题，后来苏宁易购取消了这种线上订单、线下支付的模式，个中缘由其实也非常明显：这种经营模式不仅对线下产品的价格造成了冲击，同时也不利于实体门店的扩张。对于在线下已经形成规模经营的传统零售商来说，如果同时运行线上和线下，就必然会遇到跟苏宁易购同样的问题。

如果国美网上商城的价格高于线下实体店，那么在与京东竞争方面就没有了任何优势；而如果低于实体店的话，就必然会对线下实体店的发展造成冲击。如果国美决心实现电子商务的彻底转型的话，那么就需要重新调整公司的资源结构，不符合其进行线下连锁规模扩张的战略计划。因此，协调好线下与线上的业务关系，将是国美在B2C领域发展中遇到的最大障碍。

对国美而言，在电商发展过程中，不仅会遇到线上线下难协调以及相互竞争的问题，同时如何缩短应付账款的周期的问题。

国美的应付账款周期要远远高于整个电子商务行业的平均水平，如果国美想要依靠电子商务业务的发展来实现更大突破的话，应该尽量缩短应付账款的周期，大约需要降低70～80天左右。但是如果这样的话，就有可能摧毁国美的"类金融"商业模式，而如果国美不降低其应付账款周期的话，那么对供应商来说，他们更愿意选择周期比较短的京东商城等比较专业化的线上渠道，进而破坏国美的传统供应商网络，影响国美以及国美在线的长远发展。

除了以上困境之外，国美在电子商务领域还需要应对京东商城、苏宁易购、淘宝电器城等竞争对手，要想在电子商务业务上实现突破，国美还有很长的一段路要走。

第5章

智慧零售：新经济时代的零售转型升级

5.1 大数据零售：开启数字化零售时代

5.1.1 大数据在企业运营中的七大应用

与以往的数字媒体时代不同的是，随着大数据技术的发展与普遍应用，很多实力型企业早就在大数据领域展开了布局，并将大数据技术应用到自身运营的各个环节中，如成本计算、市场营销、产品运营、服务优化、决策制定等。

企业运用大数据技术，能够对自身运营过程中的各个环节产生的信息进行获取，再通过后期的数据分析，为企业的决策制定提供精准的信息参考，进而提高整体的运营效率，推动企业的发展。

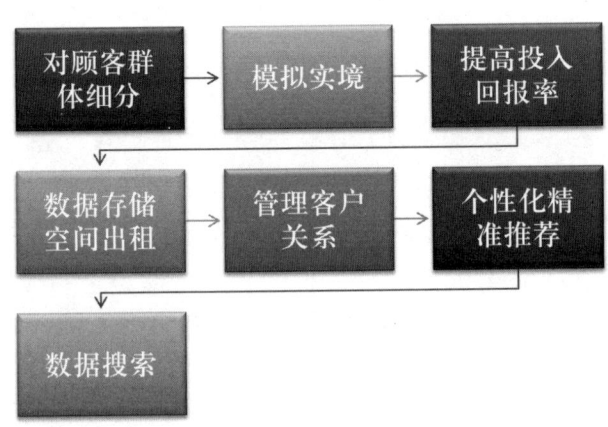

图 5-1 大数据在企业运营中的应用

1. 对顾客群体细分

传统模式下，受技术因素的限制，企业只能对顾客实施粗放式管理。如今，企业则可利用大数据将顾客分为不同的类型，并根据各个群体的性质、需求等进行针对性的运营。云存储技术与大数据技术的结合，能够让企业在实现成本控制的同时实现对顾客群体的精细化管理。

2. 模拟实境

依托大数据技术，企业能够锁定并挖掘目标消费者的需求。在互联网及移动互联网时代下，智能手机的用户规模不断扩大，产品也实现了智能化、数字化升级；与此同时，以微信、微博、Facebook为代表的社交平台纷纷崛起，丰富了企业的数据来源渠道。

通过使用云计算与大数据技术，企业能够在投入有限成本的基础上，对顾客消费行为、自身的运营数据等进行统一管理，并实施深度分析，以数字化方式来呈现诸多信息。如此一来，企业就能在数据获取与分析的基础上，构建相应的模型，对不同情况下的数据变化进行分析与预测，据此调整自身的发展策略，以期实现最佳的效果。

3. 提高投入回报率

促进企业各个部门对大数据的应用，实施产业链的改革及优化，加强对各个环节运营的管理，提高企业整体的投入回报率。企业不同的部门大数据能力不同，有的部门十分擅长应用大数据，有的部门则对大数据比较陌生。针对这种情况，要促进不同部门之间的合作，推动大数据在各个部门的应用，从整体上推动企业的发展。

4. 数据存储空间出租

在数字化时代下，无论是用户个人还是企业，要想提取数据资源的价值，都要做好数据存储及管理工作，这就要用到数据存储空间。根据使用者的性质来划分，数据存储主要包括两类：企业存储与个人存储。

在市场需求的驱动作用下，不少企业开始推出相关服务业务，向用户提供应用程序编程接口，满足他们的数据存储需求。与此同时，以中国移动为代表的运营商也在该领域展开布局，为用户提供数据存储服务。

5. 管理客户关系

企业在实施客户关系管理的过程中，会对客户的自然属性与行为属性进行获取与分析，据此把握客户的相关信息，与客户维持良好的互动关系，提高客户黏度，促使客户进行重复性消费，并进行新客户的开发。如果商家本身的实力比较有限，则难以采用专业的客户管理系统。在这种情况下，企业通常会利用社交平台实施客户关系管理，在平台中推送品牌、产品的相关信息，为消费者提供信息咨询服务。

6. 个性化精准推荐

很多运营商会实施个性化精准推荐，即在把握用户需求的基础上为其提供相应的内容，在具体运营过程中，企业不妨使用智能分析算法，结合大数据的应用，根据消费者的兴趣及需求为其提供增值服务，提高自身营销的针对性，并通过这种方式拓展自身的利润来源。

举例来说，很多用户的手机都会接收到垃圾短信，之所以称之为"垃圾短信"，并不是信息本身没有价值，而是其价值不符合用户的需求。如果企业能够利用大数据准确把握用户的需求，就能实现信息的精准化推送。

以麦当劳为例，日本的消费者可在移动终端下载电子优惠券，到实体店下单后进行线上支付。如此一来，麦当劳就能利用数据系统对消费者的信息进行获取，具体包括顾客的消费习惯、消费频次等等，据此发布与消费者需求相符的商品优惠信息及相关活动内容。

7. 数据搜索

数据搜索并不是近几年才兴起的，在大数据普遍应用的今天，越来越多的企业开始采用相关技术进行实时性的数据搜索，并不断扩大搜索范围。为了满足自身的发展需求，企业在获取用户行为数据的同时，开始对来自社交平台的用户信息进行统计，并据此进行广告设计与发布，利用社交平台促进自身的产品与品牌推广。

由此可见，利用大数据对用户的网上行为数据进行获取，企业能够从全方位的角度来了解用户，据此实现数据资源的深度挖掘。

5.1.2 数字零售：大数据赋能零售商业

除了互联网企业之外，实体零售商业也认识到了数据的价值，开始对自身掌握的数据资源进行深度处理。但企业在实际销售过程中会发现，要实现大数据与自身经营发展的结合，还要克服许多困难。商业领域不乏这样的情况：不少零售企业都在积极探索大数据的应用，但企业采用的经营方式往往与数据应用之间存在很大的偏差，在这种情况下，企业在选择数据应用时会综合考虑许多因素，才能做出最终的决策。

对零售企业而言，大数据技术应用的价值主要体现在，企业利用大数据优化自身的零售策略，保证原定销售计划的落实与完成。大数据拥有以下几个方面特征：数据规模庞大（Volume）；数据多样化（Variety），结构性数据与非结构性数据都被包含在其中；数据价值分布不集中（Value），价值密度低；数据流动性强，在短时间内就完成更新（Velocity）。这四项总称为大数据的"4V"特征。

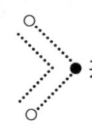

企业在了解大数据特征的基础上,在进行业务操作的过程中要采取适当的策略,根据市场需求的变化及时调整自身的运营方案。作为产业链上的一环,企业要对自身所处的位置有着清晰的定位,在产业链上其他环节出现变化后,也要及时采取应对策略,发挥大数据对自身业务发展的指导作用。在这个过程中,企业不仅要注重计划制定,还要保证计划实施,并提前制订应变策略,根据实施过程中出现的具体情况采取相对的应对措施。

企业应用大数据,能够提高营销的针对性。这方面最为经典的案例当属沃尔玛的"啤酒+尿布",年轻的父亲受妻子委托,在下班途中会到超市给孩子买尿布,并顺便购买自己所需的啤酒。

沃尔玛利用大数据对消费者的基本信息、消费行为进行统计与分析后,发现了这个规律,为了给消费者提供便利,把尿布与啤酒放到同一个区域进行销售,对原有的商品组合方式进行了改革,最终取得了十分理想的效果。尽管很多零售企业对这个案例都不陌生,但真正能够运用到自身经营及发展过程中的并不多。

由此可见,企业要将大数据应用与自身的零售策略采用结合起来,利用大数据技术实施业务调整与优化。

对待大数据,首先,企业应该保持正确的态度,注重打造内部的数据信息体系,在运营过程中对消费者的行为数据进行获取;其次,要提高员工的相关素质及数据应用能力,完善数据应用的机制体系,引进先进的硬件设备及软件系统;再次,还要根据自身的发展需求,锁定那些对企业有益的数据资源;最后,要根据企业的总体发展规划及自身的数据应用能力,制定科学、有效的方案来落实上述计划。

在数字化经济时代下,企业要提高对数字资源的利用率,就要加大在对这方面的资金支持力度，实施专业的团队化运作，这对企业本身的实力基础提出了较高的要求。中小零售企业的实力比较薄弱，恐怕无法在大数据应用方面施展拳脚。

相比之下，大规模零售企业经过多年的积累，能够为技术应用提供足够的资金支持。中小企业要知道，信息技术工具的更新速度非常快，若企业盲目加大对技术研发方面的投资，会造成大量的成本消耗，甚至入不敷出。

难道中小企业在大数据应用方面就无计可施了吗？并非如此。在信息科技高速发展的今天，企业完全可以与第三方服务企业合作，依托其云服务平台开展大数据应用，自身则聚焦于商圈的拓展与业务发展。

现阶段下，在市场需求的驱动作用下，已经有部分服务企业致力于为传统零售企业提供云服务。依托这类企业的服务平台，中小企业也能拥有自身发展所需的环境条件及信息系统。企业要做的就是明确自身的发展方向并制定相应的规划，然后根据自身发展需求与服务企业合作，全身心地投入到自身的发展上，而无须独立进行系统打造。

5.1.3 ZARA：大数据时代的精细化运营

LVMH 品牌服装的价格远超过 ZARA，但对比两家企业的税前毛利率可知，LVMH 远不及 ZARA，究其原因，是因为 ZARA 在运营过程中更注重数据应用。

1. 对消费者需求进行精准把握

ZARA 在店内安装了多台摄影设备，并为店员配置了平板电脑，让他们及时获取消费者的意见，具体包括消费者喜欢什么样的衣领款式、拉链款式、服装图案的位置等。获取的这些信息会提交给分店经理，然后发送给 ZARA 的信息资讯系统,由ZARA的专业设计师接收,据此进行产品设计,对原有方案进行调整,据此进行产品生产。

每天结束营业后,相关负责人会对当日的货品上下架情况进行汇总,分析消费者的商品购买情况,并综合考虑门店的交易信息,对具体运营情况进行分析,对比不同产品的市场接受度,并将分析结果传递给企业的仓储系统。

通过获取消费者的意见,ZARA能够优化生产方案,并通过这种方式避免货品大量囤积。另外,企业还能够在数据分析的基础上,把握当下的潮流趋势,根据消费者的需求与偏好决定服装的款式、颜色等,进而促进产品销售。

2. 通过网络渠道获取更多数据资源

在经营实体店的同时,ZARA也在欧洲地区推出网络商店,通过线上渠道获取更多的数据资源。通过开展网络化运营,企业在提高自身收益的同时,也能够增强信息获取与分析能力。依托大数据技术,ZARA能够向生产部门反馈消费者的意见,为企业的市场开拓提供精准参考,同时,能够引导消费者追逐时尚潮流,使其从大数据应用中获益。统计结果显示,网络化运营,使企业的营收增加了10个百分点。

企业不仅能够利用线上渠道扩大与消费者的接触面,还能检验新产品的市场认可度。在这方面,企业可以先在线上渠道征集消费者的意见,从反馈信息中进行信息提取与分析,对产品进行优化之后再正式推向市场。

企业通过开展网络化运营,能够推动实体店的发展。通常情况下,习惯于通过网络渠道查询时尚资讯的用户,对时代潮流的把握更加准确,对服装的品位也高出其他人。此外,不少在网络上查询ZARA资讯的用户,后期都会光顾该品牌的实体店。

作为西班牙Inditex（英德斯）集团旗下的一个子公司，ZARA获取的用户数据不仅能够用于优化生产，还能为集团的设计、行销、客服等部门提供指导。各个部门应制定自己的关键绩效指标，实现部门之间的信息共享，提高数据资源的利用率。

除了ZARA之外，Inditex集团旗下的品牌还有：Pull&Bear、Massimo Dutti、Bershka、Stradivarius、Oysho、Zara Home、Uterqüe，这几大品牌都在学习ZARA的数据应用方法。由此可推测，在后续发展过程中，服装品牌要想从激烈的市场竞争中脱颖而出，不仅要注重专业化的设计，还要提高自身的数据获取与分析能力。

3. 加快数据分析，并尽快制定决策、开展运营

广州亲感觉品牌热拉提3D美臀裤创始人高明宝先生分享：服装品牌H&M力求追赶ZARA，通过大数据的应用进行流程优化，但最终取得的效果却十分有限，反而被ZARA远远甩在身后。原因在哪里？

通过分析发现，对于服装企业来说，大数据的核心价值体现在，能够加快企业在生产环节的运转，根据消费者的反馈信息，及时调整产品的设计与生产。即便H&M运用大数据技术进行信息获取，也无法调动其管理系统。因为H&M从产品设计到最终出货要历时三个月，相比之下，ZARA只需半个月的时间就能完成所有流程。

ZARA的产地及其半数的生产流程都在西班牙，但H&M的生产是跨国运营，缺乏集中性。该品牌在产品生产过程中，要进行跨国合作，需消耗大量的时间。所以，即便H&M利用大数据技术获取了顾客的反馈信息，也难以驱动生产环节的调整及优化，无法充分发挥数据资源的参考价值。

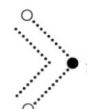
共享新零售：消费升级时代的零售创新路径

由此可见，企业要想充分发挥大数据的价值，就要实现信息系统与决策体系之间的有效对接，对消费者意见进行快速反应，迅速制定决策并开展运营。

5.1.4 Target：基于大数据的个性化营销

在美国，塔吉特百货公司（Target）是仅次于沃尔玛之后的知名零售企业，该公司对大数据的应用已经成为业内的典型案例。作为一家百货公司，塔吉特能够满足人们的日常生活所需，但孕妇作为特殊群体，通常会到母婴门店选购商品，事实上，百货公司也能够满足她们的所有需求。

为了抓住这批特殊的消费群体，塔吉特运用数据分析系统对消费者的信息进行检索，对怀孕的女性消费者进行识别。如果等到婴儿出生，所有企业、品牌都会蜂拥而上，塔吉特很难从那些专业品牌中脱颖而出获得消费者的关注。

为此，企业决定尽早识别孕妇，赶在其他竞争者之前锁定这批消费者，并在此基础上提高企业营销的针对性，为其打造个性化营销内容，抢占时间优势。

为了准确地识别怀孕的消费者，塔吉特利用了公司现有的 baby shower（迎婴聚会）信息注册表，通过相应的模型，对这类消费者的购物行为及相关数据进行提取与分析，并从中发现了很多规律。

比如，孕妇在孕期前半段时间对保健品存在大量需求，注重补充锌、镁等元素，并注重对手部皮肤的保养，会选购适合孕妇使用的护手霜。根据孕妇的商品需求，塔吉特百货制定出"怀孕预测指数"，据此对消费者是否怀孕进行科学、准确的判断，占领信息推广的时间优势。同时，为了体现对消费者的尊重，塔吉特不会赤裸裸地向这类消费者发放孕妇用品的广告，而是与其他大众商品的信息共同进行推广。

利用数据技术，塔吉特百货改革了原有的广告营销模式，有效地促进了孕期用品的销售，增加了企业的利润所得。在针对孕妇消费群体开展精细化运营的同时，塔吉特进一步扩大了大数据的应用范围，对所有顾客群体进行了细分。

5.2 物联网零售：引领零售智能化转型

5.2.1 借助物联网技术，提升店铺利润

现如今，零售业发展迈进了关键时期：在移动互联网迅速普及应用，物理世界与数字世界逐渐交融的情况下，物联网技术在零售行业实现了广泛应用。面对这一趋势，零售商必须采取必要措施快速适应，以免被消费者抛弃。

在零售业向全渠道发展的情况下，物联网技术在零售业的应用可使零售企业的生产力水平、运营效率、客户满意度、库存可视化程度得以大幅提升。斑马技术发布的《零售业前瞻性研究》显示，导致消费者对购物体验不满的原因主要有三点，一是产品缺货，二是同一商品在不同的商店价格不同，三是商品种类不齐全。

随着物联网在零售业领域的广泛应用，这些问题都有了合适的解决方案。为了给自身业务发展注入新的活力，零售商纷纷开始引入智能设备与传感器。而随着物联网技术在零售业领域的广泛应用，零售店铺及其后端获益无穷。

对于数字化零售来说，数据分析是核心。数据分析包括两部分：第一，传感器收集 RFID 标签、视频、移动设备生成的各种原始数据；第二，借助复杂的软件将这些数据转化为具有可操作性的深入洞察，让零售商对店铺日常运营做出全面改善，无须损耗人力查询过去的运营数据来获知店铺的运营情况，明确未来店铺运营的改进方向。

虽然在零售领域数字化的数据分析属于一种新兴事物，但其潜力无穷。在业务发展中，对数据及分析技术进行整合的零售商能多获取5%的生产力与利润增长，这一点非常重要。因为目前有超过一半的零售商正在积极引入大数据解决方案，对物联网产品产生的数据进行存储、分析，来获取竞争优势，实现更好地增长。

斑马技术研究表明，到2021年，将摄像机与视频分析技术引入运营过程的零售商占比将达到79%，引入软件分析技术来预防损耗、优化商品价格的零售商占比将达到78%。目前，有75%的零售商正在考虑引入预测分析技术。

对于零售业来说，物联网真正的价值在于能创造新渠道与新收入来源。通过创建新渠道，零售商可以面向"互联家居"打造高利润的产品，切实提升营收水平。在现实生活中，这样的案例比比皆是。

现如今，家用电器、家庭安全和舒适产品、健康保健产品逐渐融入物联网生态系统，成为该系统的一部分。家居装饰或消费类电子产品领域的零售商不仅能使这些互联设备的销量得以大幅提升，还能利用这些设备数据拓展自身业务范围，直抵消费者家中。

另外，还有一些零售商秉持着"让客户家中所有家居设备都能对话"的理念整合平台，借此对各类互联产品进行进一步利用。

比如，劳氏公司（Lowe's）推出了一个Iris平台，借助Wi-Fi、ZigBee或Z-Wave等技术可与任何设备实现连接，进行通信。该平台拥有开放式的接口，制造商可让自家产品与该平台实现对接。借助Iris平台，劳氏公司的竞争力显著增强，可以和AT&T和Verizon等电信运营商直接较量，同时也为公司创造了新机会（与制造商合作将产品整合到平台上）。除此之外，家得宝的Wink和史泰博的Connect等平台也相继出现。

除劳氏公司、家得宝、史泰博等类别的零售商之外，其他类别的零售商也可以创建这种平台，或与这些平台合作，比如杂食店等。借助物联网，零售商获取了一条全新的与客户互动的渠道，实现了对潜藏的客户数据的充分挖掘。这些信息几乎覆盖了家居生活的方方面面，通过对这些信息的有效利用，零售商能为用户提供个性化的产品与服务；同时，零售商可以将现有的电商渠道与互联平台进行整合，为用户提供各种新服务，比如根据客户的消费情况自动续订产品等等。

5.2.2 构建数字化商店，实现精准运营

"物理数字化"可视为全渠道零售的一大发展趋势，其意思就是实体店转变为数字化商店。近年来，虽然电商强势崛起、发展迅猛，但在商家所有平台销售总额中，实体店的销售额占比仍高达91%。这说明在零售商的业务中，实体零售商依然占据着非常重要的地位。

为了带给顾客更优质的购物体验，实体零售商正在积极引入各种新技术，将实体店铺打造成智能商店。在智能商店中，对于店铺中所有商品、资产、顾客、店员的移动轨迹，系统都能自动感知并记录下来，将这些数据转化成易读取、可操作性强的信息，使自身的竞争力水平得以切实提升。

总而言之，零售店铺实现"物理数字化"之后就兼具了物理世界与数字世界的双重优势，既具有物理零售的真实感，又具有电商的直观性。所以，未来，大部分零售商都将引入不同类型的物联网设备来监控店铺的运营情况，比如，零售商将引入安全类传感器维护店铺安全，引入库存状态追踪传感器来监控库存，在店铺中安装传感器来追踪顾客在店铺中的活动轨迹等。届时，物联网及网络监控设备将受到零售商的广泛欢迎，这两大技术设备将被73%的零售商安装使用。

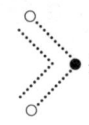
共享新零售：消费升级时代的零售创新路径

因为数字化零售能随时了解用户的个性化需求，所以它能带给用户个性化的购物体验。在这方面，在线购物网站做出了有益示范。在线购物网站能将顾客的历史购物数据记录下来，并利用这些数据为顾客推荐符合其需求与偏好的商品或服务。

在实体零售店铺中，为了更好地吸引顾客，为顾客提供个性化的消费体验，零售商纷纷引入了微定位技术。比如，为店铺中的货架、产品显示屏、标牌等数字接触点配备Beacon，利用低功耗蓝牙信号通过用户的智能手机与用户互动，Beacon能有针对性地为顾客推送店铺的优惠信息。同时，借助其他定位技术，零售店铺可对特定顾客在店铺中的活动轨迹进行追踪，生成相关数据，比如，哪些产品在哪些区域吸引了高客流，这些客流的转化率等。

通过这些数据，零售商可对消费者的购物习惯及模式有了深入了解，获得可操作性洞察，进而做出科学决策。比如，对产品的陈列方式与位置进行调整，将热门商品摆放在店铺的黄金位置，以更好地吸引顾客，提升热门产品的销量。预计未来几年中，利用各种定位技术为顾客提供个性化购物体验的零售商占比将达到75%，届时，零售商就能知道顾客进入店铺的时间，精准定位顾客驻足时间最长的位置。

下一波数字化零售大潮即将来临，未来几年，实体店与线上商店的融合之势将愈演愈烈。在此环境下，零售商要想实现更好的发展，就必须积极引入各种先进技术，如物联网技术及设备、追踪传感器、连接及数据分析工具等。随着运营可视化程度的提升，大大小小的零售商都将受益：小型零售商店可引入条码扫描仪与打印机；中型零售商可引入移动智能终端来管理店铺库存；大型零售商可引入云系统来优化供应链。

随着可视化程度不断提升，零售商面临的一系列运营问题都将得到妥善解决，还能催生出许多新机会，使生产力水平及客户满意度得以大幅提升，使运营成本不断下降，使店铺的盈利能力不断增强，零售行业将迈进一个全新的零售时代。

5.2.3 增进与顾客交互，改善客户体验

爱戴·爱美、韩馨品牌创始人陈兆柱先生说："现如今，某些零售商已开始尝试用智能互联设备构建数字生态系统，为用户提供新服务、新体验，朝新市场进军。"

随着物联网的飞速发展，很多超乎想象的情景变成了现实。在这种情况下，零售商必须立即行动制定物联网应用战略，以占尽先机，率先获得市场知名度与市场份额。

现如今，很多企业都开始关注客户体验，增进了与客户之间的关系，但在物联网的作用下，这些企业将为用户提供更加真实、更有意义的个性化体验。随着智能设备的普及应用，客户体验将全面实现数字化，形成"为我互联"的发展趋势。在万物互联的大环境下，企业将围绕每一位消费者的需求对产品与服务进行设计、创造。

未来，物联网设备的应用率将不断攀升。埃森哲互动数字营销服务部门研究发现，在 2019 年之前购买互联家居设备的消费者占比近 2/3。

随着物联网的发展，在生态系统开发方面零售商迎来了一个绝佳的时机，使实体世界与数字世界互联，让消费者无论在店内还是在店外都能实现双向实时互动，而这些互动的枢纽就是智能手机。

过去，实体零售商总是担心自己的实体零售店沦为线上电商在线下的体验

店，消费者只在店内体验商品，体验之后通过智能手机从竞争对手处购买商品，因此，实体零售商迟迟不愿实现数字化。现如今，借助物联网，零售商开始探索一种新的方式，以期通过更好的沟通来提升消费者在店内的体验。比如，零售商通过无线新标定位技术与进店顾客直接沟通。再比如，通过引用苹果 iBeacon 技术和 Swirl 移动营销平台，罗德与泰勒、哈德逊湾等百货企业为下载品牌应用的顾客提供个性化的促销信息。

另外，零售商在与顾客互动的过程中会生成海量数据，通过对这些数据进行充分利用，零售商可有效地改善顾客的进店体验。比如，商家利用传感器追踪顾客在店内的活动轨迹，以此来优化店内陈设与商品摆放。雨果博斯公司就是如此，该公司通过在店内安装热传感器来获取客户在店内的移动路径，找到客流量最大的区域，在上面摆放热门产品。

5.2.4 基于物联网的可视化供应链系统

借助产业互联网，各企业利用云计算、大数据等技术让数字空间与现实世界实现了紧密结合，使企业运营效率得以大幅提升，并成功培育了创新。到 2018 年，产业互联网与物联网结合为全球经济创造的价值超过 14 万亿美元。

现如今，随着零售业不断发展，供应链愈加复杂，数字渠道日益重要，客户要求越来越高，在这种情况下，借助互联设备与产品，零售商可对自身的运营活动进行有效优化。比如，借助无线射频技术，零售商可精准地追踪库存；借助数据视觉化技术，零售商可对产品在供应链上的位置进行精准定位，甚至可以为顾客提供查看订单生产进度与经销进度的服务。

利用联网智能价签，店铺经理可实时调整商品定价。比如，将促销产品或滞销产品的价格下调，适当提高热销产品的价格。借助完全整合的定价系统，零售

第 5 章
智慧零售：新经济时代的零售转型升级

商可让各渠道上的商品实现同款同价，从而带给消费者更好的购物体验。

目前许多零售店铺的库存都尚未实现可视化。随着零售商开设的实体店越来越多，尤其是随着海外实体店铺的开设，店铺业务以互联网平台为依托实现多元化经营，零售店库存可视化迎来了巨大挑战，零售商亟须构建可视化的供应链系统。

在库存过量、货品缺失、货品损耗等问题的影响下，全球零售商损失近 1.1 万亿美元。据麦肯锡咨询公司预计，如果零售商能减少库存过量、货品缺失等情况的发生次数，就能节省近 10% 的库存成本。

借助不断进步的机器视觉、数据分析、RFID 等技术，零售企业的员工与客户能对企业库存进行远程查看，还可追踪产品运输过程，使业务的可视化程度得以大幅提升，并保证反馈到系统中的数据准确无误。但目前，零售商通过库存管理软件获得的库存的准确率还比较低，只有 65%。

与之相较，借助 RFID 系统，库存精准度能提升到 95%。实践证明，在 RFID 技术的帮助下，库存缺货情况的发生率能降低 80%。同时，斑马技术的相关研究也表明，现如今，近七成的零售商在计划引入或正在使用 RFID 系统，以期在该系统的帮助下让供应商实现高度可视化，降低库存成本。比如，根据服装零售商的反馈，自引入 RFID 系统之后，商品计数的工作量减少了 75%，店铺员工获得了更多时间来完成更重要的工作。

通过供应链自动化程度的进一步提升，零售商可有效提升库存可视化水平。斑马技术研究显示，到 2021 年，收到系统主动发出的库存缺货提示的零售商占比将达到 87%，部署产品定位设备的零售商占比将达到 78%，以视频的方式监控库存的零售商占比将达到 76%。

另外，在供应链中，商家还可以通过整合其他物联网设备改善店铺运营，降低店铺运营成本。比如,商家可利用以物联网技术为依托的传感器对室内亮度、温度进行监控、调整,一边提升顾客的舒适度,一边节约能源、削减开支。

借助传感器,很多需要人工完成的工作都能实现自动化。比如,商家可利用传感器对商品库存进行追踪,对商品价格进行调整,减轻销售人员的工作负担,让其有更多的时间与顾客互动,以提升店铺的服务水平,带给顾客更优质的体验。

5.3 场景零售:重塑线下场景消费生态

5.3.1 场景零售:打破线上线下的边界

自马云在2016年的云栖大会上提出"新零售"以来,"新零售"这一概念就迅速蹿红,受到了人们的广泛关注,业内业外关于"新零售"的讨论不绝于耳,大有成为一种新的商业主旋律的趋势。

"分久必合,合久必分"是历史发展规律,用这一规律形容互联网电商与传统零售再合适不过。互联网电商刚出现时并没有引起人们的广泛关注,直到互联网电商进入迅猛发展阶段,迅速占领年轻消费者市场,传统零售才开始正视互联网电商。互联网电商的迅猛发展给传统实体零售商造成了巨大冲击,即便是沃尔玛、家乐福等零售业巨头也不得不关闭一些店铺。

当然,互联网电商也给传统实体零售商带来了变革契机,于是部分线下实体零售商开始发展电商,比如,苏宁与阿里巴巴达成了合作,沃尔玛与京东达成了合作,在这种情况下传统零售商与电商构建起了愈发紧密的联系。

现如今,"80后""90后"已成为主流消费群体,相较于产品价格,他们更注重产品质量、购物体验,并对产品有了更多个性化需求。在这种情况下,新零售应运而生,并逐渐发展为一种潮流。

茵蔚服饰(专做内衣 ODM 等品牌贴牌)许大庆先生说:"新零售可以称为场景化零售,未来,购物场景化、场景娱乐化、"产品卖场+消费体验"将成为零售的重心。通过线上、线下购物场景,消费者不仅能获得与产品有关的知识,还能获得产品带来的愉悦感,甚至这种体验可延伸到产品价值以外。"

在新零售环境下,借助终端创意展示道具,线上、线下实现了紧密连接。随着终端展示道具越来越智能,零售企业可对消费者的消费习惯与偏好等一系列消费行为与数据进行收集。从企业的角度来看,通过对消费者行为进行数据化分析,零售企业可掌握主流消费趋势,发现新的规模化市场,开展精准营销。

所谓的场景化零售指的就是商家借视觉、听觉等元素让消费者联想到自己预先设定的场景,营造特定的氛围影响消费者,让消费者产生心理认同。从这个层面来看,场景化零售应该是一个虚拟的购物场所,但实际上它是一个真实存在的"娱乐场"。通过场景化零售,消费者走进一家实体门店就像走进一个游乐场。

现在的主流消费群体成长于互联网环境下,他们不仅关注产品,还关注隐藏在产品背后的故事,也就是涵盖了人物、环境、空间等因素在内的场景。只有与用户在产品质量、体验、个性化设计等方面的需求相契合,新零售才能实现持续生存与发展。比如,华为公司一直以来都致力于帮客户解决信息与通信问题,所以在为客户提供指导时会将"以客户需求为中心,及时为客户提供通信服务"的运营理念传达给客户知晓。

总而言之,传统实体零售商要想成功转型为新零售,就必须转变思维,以用户内在需求为基础构建智慧场景。

过去，销售人员必须凭借超强的记忆力记住每一位 VIP 顾客的信息，包括姓名、年龄、消费能力、消费偏好等，对于销售人员来说，这是一大挑战。未来，商家只需引导客户关注自己的公众号或注册自己的 App，获取客户授权，就能获取客户的相关信息。如此一来，客户一进店门，门店的 Wi-Fi 探针或蓝牙感知技术就能对其手机或其他联网设备进行自主识别，在不知不觉中获得客户数据，调取相关资讯，传送给导购人员或店铺的其他服务人员，让其为客户提供精准的服务。

过去，购物场景对人有着严重依赖。现如今，这种购物场景实现了人与大数据的结合创新，未来的购物场景甚至会摆脱对人的依赖，进入 AI 时代，打造智能化零售、网络化零售。

随着社会发展，将来线上与线下，传统与新潮的界限会逐渐模糊，无论是实体零售还是互联网电商都会变成"传统"，因为一切都在改变。所以，电商、传统零售商要想实现创新发展，就必须相互融合，也只有如此才能降低社会资源浪费与消耗。

随着生活方式不断变革，消费者要适应新的生活方式，传统零售要适应新的零售环境。当下，有着十几年发展历史的电商也早已成为传统企业，必须与线上、线下不断融合的新零售相适应，增强对新零售的认知，创造新零售模式，迎接新零售带来的挑战。

5.3.2 消费场景发现、创造与深度运营

电商经历过疯狂增长之后遇到了一些问题，比如，增速开始放缓，流量成本不断提升，线上流量与市场格局逐渐稳定，虚拟场景难以满足消费者对真实体验感的需求等。根据马斯洛需求层次理论，人在低层次的需求得到满足之后会向着

第 5 章
智慧零售：新经济时代的零售转型升级

高层次的需求迸发，也就是说，消费者在购买商品这一层面的需求得到满足之后就开始追求内心的感受与共鸣。

以三只松鼠为例，三只松鼠在电商领域获得成功之后开始朝线下发展，开设线下体验店，打通虚拟空间与物理空间，并在这个过程中引入文化与情感，实现人与品牌的连接，推动自身服务不断升级。

事实上，线上、线下并非"你死我活"的关系，线上无法取代线下，线下也无法逼退线上，二者只有相互合作、取长补短、顺势发展，才能实现共赢。就是在线上与线下双向选择、融合发展的过程中，新零售应运而生。

"新零售"明显是相较于"旧零售"来说的，这里所说的"旧零售"指的就是传统的线下零售模式。"新零售"的"新"主要表现在它是一种场景化销售，通过塑造一个线上、线下互通的场景带给消费者真实的购物体验，让消费者感到身心愉悦。在这个场景中，消费者既能获得与产品有关的知识，又能体验到产品带来的乐趣，还能感受到周围娱乐的气氛。

另外，"新零售"的"新"还体现在通过新技术的应用使购物体验与运营效率不断提升。从前段来看，零售企业引入新技术可提升消费者的购物体验。比如，阿里巴巴推出的无人零售店淘咖啡，顾客只需登录自己的淘宝账号、输入支付密码就能进店消费，选好商品就可以直接离开店铺，无须排队付款，不仅帮顾客节省了购物时间，还提升了顾客的购物体验。

从后端来看，通过引入新技术，店铺可升级自己的软件系统，使货品管理、供应链管理、营销运营均得以优化。比如匠籽寻宝 App，零售商可在后台随时随地调整商品价格、更改商品库存，可以设置不同的促销活动来刺激顾客消费，还可以借助返销系统成为供应商或分销商，提升运营效率，降低运营成本。

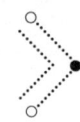

马云在云栖大会上明确表示,未来十年、二十年,纯电商、纯实体零售都将不复存在,线上、线下、物流相结合的新零售是大势所趋。新零售不仅是传统零售的更迭,更是电商的优化。

从表面上看,新零售是传统实体零售与互联网电商为突破各自发展瓶颈采取的优势互补策略,事实上,它是主流消费群体对消费体验的更高追求,简单来说就是消费升级。

现如今,"80后""90后"已成为主流消费群体,他们的消费需求已从满足基本生活需求的物质产品升级为满足精神需求的场景与氛围,他们愿意为那些打动他们的场景付费。这就是新零售面临的主要问题。

在2016年的阿里电商业务管理者大会上,张勇提出了未来电商发展的四大方向——聚焦消费者体验、为商家赋能、消费升级、繁荣生态,并对新零售做了解读,将新零售分解为人、货、场,认为新零售能否成功的关键就在于能否围绕人、货、场对商业元素进行重构,能否切实提升电商的运营效率。

在新零售领域,盒马鲜生做出了有益示范。盒马鲜生从三餐场景切入,围绕餐桌进行商品售卖与加工。店铺中所有商品都有一个独属于自己的电子标签,消费者只需扫描二维码就能获取商品信息,实现线上下单。

在店内环境方面,盒马鲜生打造了舒适、干净、整洁的店铺环境,还设置了百货区与鲜花区等商品区,切实满足了人们的生活需求。在经营模式方面,盒马鲜生效仿意大利的 Eataly,在门店内开设餐厅,为顾客提供即买即烹、现场加工品尝服务,有效提升了到店客流的转化率,带给顾客极其优质的购物体验。

盒马鲜生整个门店设计都遵循了全渠道经营理念,实现了线上、线下全渠道整合,取得了极好的经营业绩。

在实际经营过程中,消费场景必须根据"场"决定"景",构建真正能打动目标消费群体的场景。正如亚马逊的贝索斯所说:"成功没有秘方,关键要抢在别人前面。"因此,面对新零售带来的机遇与挑战,各大零售商要秉持乐观、无畏的精神与态度抢先行动,占尽先进,以获取竞争优势,取得胜利。

5.3.3 基于社交购物场景下的用户体验

得益于社会化网络服务(SNS,Social Network Services)的不断发展与完善,社交购物模式已经愈发成熟,并在企业界得到了广泛应用。社交购物模式能够充分发挥社交所带来的人与人之间的信任关系,帮助目标群体降低购物时间成本,制定出更为科学合理的消费决策,在提升购物体验的同时,也提升了企业的盈利能力。

在技术及硬件快速发展的当下,社交购物的内涵与形式愈发丰富,并成了人们的一大主流购物方式。新零售的崛起,使社交购物已经逐渐脱离了互联网情境的限制,在线上、线下的各种情境中,都能发挥其价值。

毋庸置疑的是,社交是一种促进人们传递信息、互动交流、增进情感的有效方式。由于分享、互动、娱乐等社交元素的加入,交易过程变得更有趣味性与体验感,使消费者与商家更容易建立信任关系。在产品多元化背景下,消费决策的时间成本越来越高,而在社交过程中,人们可以获得制定消费决策需要的各种信息,从而以更低的成本购买到适合自己的商品,对提升用户体验具有十分积极的效果。

从本质上看,社会化网络服务在沉淀忠实用户、引流方面具有明显优势,而电子商务模式的优势集中在价值变现方面,将两者深入融合的社交购物模式有着十分广阔的发展空间。在社交巨头Facebook开发的"品牌主页"模块中,消费者可以直接购买品牌商提供的优质商品。社交购物模式不仅能为用户提供产品，还使交易具有了社交、娱乐等服务价值。

尤其是用户在购买产品后因为获得良好购物体验，而自发在社交媒体中对商品进行口碑传播的行为，将使其他消费者更容易买到适合自己的产品，帮助商家降低营销成本。当然，在电商企业愈发重视线下体验的当下，社交购物中的交易行为已经不再只是出现在线上，在线下也逐渐得到推广普及。

人们在制定消费决策时，总是希望能够获得专业的评论及推荐，而在基于信任关系建立的社交圈中，人们可以相互分享专业知识、购物经历、产品体验，从而对个体的消费决策产生直接影响。所以，人与人之间的关系就成了社交购物用户体验的重要基础。

在社交购物场景中，人与人之间的互动在消费决策中扮演着关键角色。所以，用户主观信任的不稳定性，以及心理预期和使用评价的不平衡性，就成为社交购物场景中的两大用户体验问题。

在交易过程中，信任无疑是影响交易结果的重要因素，在体验缺失的电商购物中，信任就显得尤为关键。交易主导权回归用户的背景下，商家需要获取用户足够的信任，才能使自身持续稳定发展。对于社交购物场景而言，当用户想要购买某种商品时，会通过电商平台、线下门店等了解商品，然后在社交圈内获取商品的使用及体验信息。

而其他用户提供的专业知识、购买经历、实际体验等往往具有一定的主观性，再加上表达方式和理解能力的差异，从而造成了用户主观信任的不稳定性问题。

用户心理预期是人们根据自身的生活经验、获取的相关知识等，对商品的外观、性能、价格、实用性等诸多方面做出的预测。当用户心理预期高于实际体验时，即便产品本身在同行业中处于领先水平，也很难给用户带来良好体验，反之，企业将获得较高的客户满意度。在线下门店中，由于用户可以直接体验商品，从而尽可能地购买那些实际体验高于自身预期的商品。然而在网店中，用户收到商品后，才能和心理预期对比，从而造成了退换货问题频发。

用户心理预期将会直接影响对产品的评论、推荐积极性，从而对其他用户的购买决策产生影响。不难发现，用户心理预期具有较大的主观性，会因为个体在生活品质、认知能力等方面的差异，产生较大的不同。

对于社交购物模式而言，企业应该尽可能地使用户心理预期和实际体验保持平衡，在确保产品质量的同时，不能在营销活动中一味地吹捧自己的商品，要引导目标群体形成合理的心理预期，从而在提升用户体验的同时，确保自身的盈利能力。

5.3.4 智慧空间：有效提升用户信任度

物联网中的物品具有环境感知、信息搜集及传递、行为决策、自动识别并匹配等智慧特能。随着物理空间信息化的不断发展，催生出了基于新一代信息技术构建的智慧空间，在智慧空间中，人是该空间内信息系统的重要节点，能够获得丰富而极致的服务体验。智慧空间的出现，为构建线上、线下深度融合的营销场景奠定了坚实基础，而且其创造的全新的交互方式，将会有效提升人们的购物体验。

一般说来，在社交购物场景中的用户信任是一种主观性较强的心理认知，使用户体验缺乏稳定性。企业营销推广时，可以通过煽动性较强的营销内容让目标群体对产品及品牌产生信任，然而在使用过程中，如果体验不佳，用户会懊恼自己的消费决策，并对企业产生负面印象，甚至在社交圈内分享此次糟糕的购物体验，避免亲朋好友被欺骗。

如果能够通过智慧空间为用户提供真实、全面的数据，可以让用户建立相对客观的信任感，从而有效解决上述问题。基于物联网技术，可以对海量数据信息进行搜集、分析及应用，为顾客制定科学合理的消费决策提供强有力支撑。

在智慧空间中，通过云计算、智能算法等将帮助用户去除购物无关信息，围绕用户想要购买的商品，建立系统而完善的信息网，使其在较短时间内购买到满足自身个性化需求的产品。这将有效解决信息过载给用户购物决策所带来的干扰问题，在海量的数据中筛选出有价值的信息，满足用户在线上、线下购物场景中的信息服务需求，让用户和商家建立更为客观的信任关系。

实现线上、线下融合的智慧空间，给用户提供的社交购物体验更为丰富，让用户获得线下的实际体验的同时，也能够享受到线上购物的便捷性。智能手机、Pad的推广普及，为企业开展智慧的社交购物活动奠定了坚实基础，而且随着智能手表、智能手环等智能可穿戴设备的不断发展，未来社交购物活动将具有更为广阔的想象空间。

线上、线下的无缝对接，使人们在为消费决策搜集信息时，能够低成本地获得多维度、高质量的产品信息，从而产生和产品实际体验更为接近的心理预期，而且通过和线下的实际商品进行对比，可以买到真正适合自己的商品。

在智慧空间所创造的社交购物模式中，用户能够获得足够的专业数据用以对信息进行验证，避免了被企业营销内容或其他用户评论过度干扰，而形成和实际体验存在较大的偏差的心理预期，促使用户做出更为客观的评论。

而公正、真实、客观的用户评论，将促使用户对社交购物模式形成良好印象，并为其他用户的购物决策提供指导与帮助。所以，智慧空间将促使用户心理预期和用户评价更为平衡，加快社交购物模式走向成熟。

以人际关系为基础的社交购物模式，能够使信息更具可信度，帮助消费者降低购物时间成本，制定更为科学合理的消费决策。而由于社交购物场景中，个体的主观感受对用户心理预期有较大影响，容易引发心理预期高于实际体验问题，从而给社交购物模式的发展带来了较大阻力。

而在智慧空间场景的加持下，社交购物模式的用户心理预期和实际体验将会更趋平衡，在让用户获得良好的购物体验，主动帮助商家进行口碑传播的同时，降低企业的营销成本，提高产品销量及品牌影响力，为企业带来更高的利润回报。

第6章

VR/AR 零售：重塑未来零售产业新图景

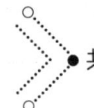
共享新零售：消费升级时代的零售创新路径

6.1 VR零售：构建沉浸式场景消费体验

6.1.1 VR购物：技术驱动的零售新体验

近两年，VR购物项目大量涌现，凭借强大的颠覆能力而受到了社会各界的广泛关注。2016年5月，电商鼻祖eBay和澳大利亚零售巨头Myer宣布达成合作，四个月后，双方联合推出全球首个VR百货商店，当时在社交媒体中引发了广泛热议，阿里、亚马逊等零售巨头也都推出了各自的VR购物项目。

由于VR购物能够给消费者带来沉浸式体验，企业界给予了其相当高的期待，希望能够通过VR购物解决用户体验缺失、营销成本不断攀升等诸多方面的问题。在资金、人才、技术、流量等方面拥有诸多领先优势的零售巨头布局VR购物是一件相当正常的事情，拥有足够资本的它们几乎不用担心试错成本问题。

目前，确实掘金VR购物存在较高的门槛，在技术、用户习惯培养、商业模式等方面也存在诸多问题，但这未能打消富有创新精神的国内创业者及企业的探索热情。

"Buy+"是阿里巴巴布局VR购物领域的核心战略，淘宝在2016年11月正式上线虚拟购物功能"Buy+"，不过上线后的"Buy+"远不像其几个月前在宣传视频中描述得那般强大，考虑到当前存在的技术痛点以及硬件成本问题，"Buy+"要想给用户带来良好体验，恐怕还有很长的一段路要走。

除了阿里外，暴风魔镜和O2O跨境电商平台悦海购通过战略合作试水VR购物，暴风魔镜提供技术及硬件支持，而悦海购将依托其线下体验店，让消费者

第6章
VR/AR 零售：重塑未来零售产业新图景

"逛遍"海外各大知名商场，并体验海外优质商品。从用户角度来看，暴风魔镜和悦海购这种通过在线下体验店提供专业设备及服务，来让消费者感受 VR 购物魅力的方式，要比阿里的"Buy+"更容易给用户带来良好体验。

在阿里、京东、亚马逊等巨头的推动下，VR 购物的概念推广、技术研究、商业应用等确实能够得到充分保障，在以用户为中心的新消费时代，通过 VR 购物弥补电商体验缺失成为必然选择，这也是为电商企业对 VR 购物保持如此之高热情的核心所在。

和传统电商相比，VR 购物可以通过塑造极具互动性、社交性、沉浸感、体验感的购物场景，满足人们购物消费时的体验需求。与此同时，在 VR 购物中，消费者能够全方位地了解商品信息，有效减少因为信息不对称而引发的退换货问题，从而降低企业经营成本，提高购物体验。

VR 购物为人们的购物消费提供了更为多元的选择，它将引发一场重大零售革命，在未来成熟的 VR 购物技术及模式支撑下，企业能够打破时间与空间的限制，让消费者足不出户即可像在线下门店中一般体验优质商品。

VR 购物在对实体门店改造方面也有十分广阔的发展前景，结合 GPS、NFC、蓝牙等诸多技术，让门店通过消费者随身携带的智能手机与之进行深入交流互动，延长顾客在门店中的停留时间，更好地促进交易。

消费者对 VR 购物这种新兴业态也持积极态度，因为 VR 购物能够有效解决信息不对称问题，让消费者在移动化、碎片化的场景中近乎真实地感知商品的功能、质量、材质、型号、尺寸等，降低购物时间成本的同时，也有利于他们制定更为科学合理的消费决策。

与此同时，VR 购物也带来了一种全新的商业发展模式，创业者及企业将获得广阔的发展机遇，对于那些传统电商企业而言，VR购物的出现，使他们能够进一步发掘目标用户的潜在消费价值，尤其是那些拥有相当多忠实用户的淘宝、天猫、京东、唯品会等电商平台，随着VR购物不断走向成熟，其盈利能力将会得到显著提升。

从实际发展情况来看，短时间内想要建立一个完善的VR购物平台，是一件相当困难的事情。以家居类VR购物平台为例，企业首先需要对各类家居产品进行3D建模，并将产品相关数据存储在一个数据库中。当然，为了充分满足用户的个性化需求，企业还需要确保SKU达到一定的规模。而为一张普通沙发做3D模型的费用为400元以上，如果是有很多纹理的精致沙发，建模费用可能会达到上千元，显然，绝大部分的企业并不能承担如此高昂的成本。

从技术发展的角度来看，当使用VR购物技术能够为用户创造价值时，随着其不断发展将会创造出一系列新需求，并对传统零售产业产生深远影响，而诸多实践案例已经充分证明了VR购物技术在改善用户体验方面拥有颇为良好的效果，只不过由于技术壁垒、硬件成本较高、使用VR设备后遗症问题等痛点，导致其得不到大规模推广。

目前，包括零售企业、科技企业、互联网企业在内的世界范围内的各路玩家都在积极布局VR购物，并且广大消费者对这种颠覆性的购物模式表现出了相当高的热情，可以预见的是，未来随着VR购物日趋成熟，它将会成为新零售时代的一种主流购物模式。

6.1.2 VR新零售：虚拟和现实深度融合

新零售背景下，快速发展的VR购物受到了社会各界的广泛关注，在新一轮零售行业变革浪潮中，如何推动百货商场、购物中心等传统零售业态的转型升

第 6 章
VR/AR 零售：重塑未来零售产业新图景

级，绝大部分企业尚未找到有效转型路径，仍处于摸索阶段。

在新零售模式中，人、货、场三大要素被重构，线上、线下深度融合，物流也要提供强有力支持，通过大数据、云计算、智能算法等对目标用户需求特性进行深入分析，从而在合适的时间、选择合适的渠道为其推荐合适的商品，无疑是达成交易的关键所在。

而 VR 技术是完善新零售消费模式的重要推动力，能够有效推动虚拟和实体的深入融合，它能够为消费者打造一个近乎真实的虚拟购物空间，就像在线下门店中购物一般，可以看到各种各样的商品被摆放在货架上，触摸并感知商品的功能、材质等，如果未能找到合适的商品，还可以将自己的个性化信息提供给商家，享受更高端的定制服务。

VR 购物能够给消费者带来更多的乐趣与新奇感，从丰富多元的产品展示方式（平面海报、短视频等）中全面了解商品能为自己创造的价值，在虚拟购物空间中获得沉浸式体验。

目前，阿里、eBay、亚马逊、沃尔玛等零售巨头都在积极推进 VR 购物的商业化应用，凤凰光学、掌网科技等创业公司也为 VR 技术在零售领域的应用注入了新的活力，意大利 inVRsion 推出了 VR 软件 ShelfZone，欲帮助零售商及消费品公司创建虚拟购物中心、3D 商店等。但整体上看，VR 购物目前尚处于初级发展阶段，仍存在相当多的问题。

在技术方面，要利用 VR 技术推动虚拟和现实的深度融合，将实体场景和虚拟的三维模型融为一体，并对其进行实时渲染，但数据采集、图像处理等方面还存在相当多的问题，导致了清晰度不足、交互性缺失、信息失真等问题。如何低成本地完成海量商品数字化，提升虚拟触觉体验，让消费者获得视觉、听觉之外更多维度的商品信息，解决使用 VR 设备后的头晕、恶心等后遗症问题等，这些痛点都需要未来在技术层面有更多的突破。

全面提升AR/VR技术，让用户在购物过程中获得更为优质的购物体验，当AR/VR技术在零售领域的应用日趋成熟时，实现新零售的实体和虚拟的融合将具备落地基础。

从盈利角度来看，目前发展VR购物的投资和回报明显不成正比，较高的投入成本使很多中小零售企业望而止步，所以，找到合适的商业模式对发展VR购物也十分关键。

要想让VR购物能够像智能手机一般实现大范围的推广普及，在初级阶段将VR技术应用在品牌建设方面会是更为可行的方案，这要比直接将其应用在交易支付环节创造更多的商业价值。当然，对于VR购物这种颠覆性的新生事物，零售企业也不应该过度强调短期盈利。

VR线下体验馆是一种发展效果颇为良好的创新业态，以9D座椅（也被称为"蛋椅"）为代表的VR产品在国内一二线城市的电影院、电玩城、购物中心中大量涌现，得益于其新奇的体验，给首批入局者创造了相当丰厚的利润。但由于内容较少，同质竞争加剧，目前，大部分探索者的经营状况也并不理想。

宜家、美国劳氏等企业通过引入VR技术让消费者可以根据自己的个性化需求，在虚拟空间中选择家居产品的颜色、尺寸，设计出现实世界无法满足的"梦想之家"。而百货商场、购物中心等零售业态将VR技术应用到品牌建设方面，可以在向顾客推广"VR智慧新零售"理念的同时，提高品牌科技感与溢价能力。

部分积极创新的零售企业通过和VR科技公司合作，对自身的业务模式进行改造升级，实现了实体和虚拟业务一体化，让消费者能够体验全渠道、多场景购物，从而为自身沉淀了一批忠实用户。

第6章
VR/AR 零售：重塑未来零售产业新图景

6.1.3 零售企业掘金 VR 购物模式的思考

网络购物虽然非常方便快捷，但其产品体验缺失的问题也十分突出，对于那些尤其注重线下体验的产品（如家居、家电、汽车等），人们更喜欢在线下实体店中购买，因为他们能够直接试用产品，品质更加有保障。

而 VR 技术的应用将有望颠覆传统零售行业，使人们在购物消费中获得更多的乐趣，无须进入线下门店，在家中就能体验商品。而且通过商家基于大数据、云计算及智能算法等技术建立的后台系统，消费者能够根据自身的个性化需求定制商品。VR 技术将有助于打破传统零售行业服务缺失、体验不佳、经营成本不断攀升等诸多痛点，为零售企业的发展提供更为广阔的发展空间。零售企业在掘金 VR 风口过程中必须思考以下几点：

（1）思考是要引入 AR 技术或者是 VR 技术，当然也可以同时引入两种技术。

AR 是增强现实技术，它是将虚拟的图像等元素投入到现实世界中，通过随身携带的智能手机甚至人眼就能看到这些信息。而 VR 则是虚拟现实技术，它是创造一个虚拟空间，需要使用专业的头盔、眼镜才能获得相关信息。

宠物养成对战类 RPG 手游《Pokeman Go》的崛起，不仅为其开发商、发行方等带来了相当可观的利润，更有效地推动了 AR 技术在全球范围内的推广普及。而消费者使用 HTC Vive、Oculus Rift、Gear VR 等专业级头显设备确实能够获得前所未有的极致体验，但这种专业级设备售价高昂，而且使用一段时间后就会出现眩晕感、疲劳、眼花、恶心等症状，业内人士指出，短时间内，VR 设备的使用后遗症问题很难得到有效解决。

（2）思考是要在门店内场景使用，还是在门店外场景使用。

在 VR 技术成熟阶段，这根本不是问题，但目前在这两种不同的场景中使用

AR 和 VR 技术存在明显差异。如果是在门店内部场景中使用，更多的是在销售区、更衣室场景中使用，可以为消费者免费提供专业的设备。

如果是在门店以外的场景，比如，网购用户可能会在乘公交、坐地铁、排队付款等各类移动化及碎片化场景中，此时就要考虑到用户使用 VR 购物的成本。为了降低用户购物成本，企业可以考虑为用户建立一个 3D 频道，让有需求的用户能够便捷、低成本地购买符合自己需求的商品。

当明确了要在哪种场景中使用 VR 技术后，需要企业进行用户习惯培养，并考虑用户实际体验。需要注意的是，VR 技术的应用主要是为了给消费者带来良好的购物体验，类似 VR 化妆镜这种可以近乎真实的展示妆容，并节约消费者在化妆柜台等待时间的应用，很容易赢得广大消费者的青睐。

（3）让消费者清晰地了解 VR 应用能为他们创造的价值。对那些富有探索精神的年轻用户，可能无须商家推广，他们就会主动尝试 VR 购物。但对相对保守的其他用户群体，可能需要企业耗费大量的成本让其了解 VR 购物具有的优势。

（4）找到切实可行的商业模式。企业是以盈利为目的的社会组织，只有找到应用 VR 技术的商业模式，提高企业经营水平，帮助企业获得更高的利润，才能激发员工应用 VR 技术的积极性与创造力，推动企业的长期稳定发展。

市场资本分析机构 Digi-Capital 发布的数据显示，2017 年 Q4 VR 行业投资高达 10 亿美元，全年投资为 25 亿美元，其中，33.3% 的投资项目是投资 VR 技术，25% 的投资项目是投资智能眼镜，10% 的投资项目是投资 VR 游戏。

由于其强大的颠覆力，VR 技术被人们贴上了"黑科技"的标签，其在零售领域的应用虽然尚处于初级阶段，但多家海内外零售巨头都在这一方面投入了大量资源，创业者及跨界而来的颠覆者也对其充满了期待。在各路玩家的助推下，

第 6 章
VR/AR 零售:重塑未来零售产业新图景

VR 技术将会引领新一轮零售变革。

6.1.4 阿里 VR 战略:全新的零售生态圈

2016 年 3 月,阿里正式向外界公布了其 VR 战略,并组建 VR 实验室,未来将依托平台模式充分整合内部及外部的优质资源,开发出更多的优质 VR 内容及硬件设备。也许不久的将来,VR 购物将成为现实。

表面上看,阿里布局 VR 购物就是将其淘宝、天猫上商品全部转化为 3D 形式,能够让用户在虚拟空间中直接使用。但阿里的野心绝非这么简单,它真实目的恐怕是为了打造出一个将购物、社交、娱乐等多种业态融为一体的生态系统。在该生态系统中,消费者将获得前所未有的极致体验。

"造物神"计划是阿里 VR 实验室上线后发布的首个项目,该项目强调阿里将与商家共同建立世界上最大的 3D 商品库,让消费者在具有沉浸式购物体验的虚拟世界中体验丰富多元的优质商品,未来,当该计划真正落地时,消费者足不出户就能在法国巴黎的香榭丽舍大道中购物。

这种情况下,阿里将成为一个开源的虚拟商业帝国,线下的商品将会按照 1∶1 的比例在线上的虚拟空间中被复制出来,消费者可以在虚拟空间入口程序中选择目的地,然后进入近乎真实的虚拟场景中,体验像线下购物一般的感觉。

在虚拟空间的店铺中,消费者能够获得的体验几乎和线下门店相同,不仅是商品,商品门店的布局、周边街道的环境,甚至天气都会被复制出来,随着 VR 手套等设备不断成熟,在线下购物时能够获得的视觉、听觉、触觉、味觉、嗅觉等感官体验,也将在线上购物场景中获得。那些热衷抢购限量版爱马仕皮包、劳力士手表等奢侈品的消费者,将无须前往线下门店排队,使用专业的 VR 购物设备购买即可。

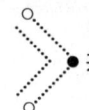

之所以强调阿里的"造物神"帝国是开源的,是因为想要打造出这种商业帝国,仅凭阿里巴巴一家企业的力量是远远不够,由于它将几乎涵盖整个现实世界,不仅有香榭丽舍大道、纽约第五大道等世界知名商业街,各种不知名的商业街也会被开发出来。

考虑到开发成本,阿里可能会先开发出类似纽约第五大道、北京王府井等世界知名的大街作为示范案例,然后制定完善的规章制度,并提供标准化的开发工具,从而吸引广大开发者共同完善这个庞大的生态系统,帮助阿里打造出商业帝国。当然,开发者可以充分发挥自身的想象力与创造力将古代的场景复制出来,比如,将《清明上河图》描绘的北宋都城汴京复制出来。

如今的淘宝、天猫确实是一个现象级购物平台,但在未来阿里的VR商业帝国真正上线后,它们可能将会成为虚拟世界的某条商业街中的两个购物中心,和庞大的VR商业帝国相比,几乎可以忽略不计。而此时阿里巴巴的商业模式很可能会通过收税盈利,广告收入在其总营收中将占很小的比例,甚至为了优化用户体验,可能会放弃广告模式。

由于在阿里的VR商业帝国中存在不计其数的店铺,所以,阿里只需要在一定空间内设置店铺服务中心,为店铺提供技术支持,并以月、季度甚至是年为周期向店铺收税,即可获得丰厚的利润回报。

当线下的商品能够在虚拟空间中被感知,近乎真实地体验到其功能、材质等各种特性后,那些实体的超市、购物中心的存在价值将会大幅度降低,其主营业务可能会从销售转变为产品展示、提供售后服务等,当然,餐饮、美容这类实体门店几乎不可能被线上取代。

而像万达城这种业态很可能会将会被颠覆,当阿里的VR商业帝国成型时,完全可以将万达城复制到线上,消费者同样可以在里面购物、逛街、娱乐、观影等，甚至体验一些在现实世界不可能体验的产品及服务。

当然，目前，VR 技术仍处于初级发展阶段，距离打造出 VR 商业帝国，阿里还有很长的一段路要走，但 VR 技术已经向我们充分证明了其强大的颠覆力，各行业的海内外巨头也对其保持着高度关注，在一批批行业探索者的积极努力下，VR 技术的商业价值将会被充分发掘，从而吸引更多的创业者及企业加入进来，推动 VR 技术在各行业的应用日趋成熟。

6.2 AR 零售：满足消费者的个性化需求

6.2.1 新战场：AR 技术在商业中的应用

2017 年 11 月，国际零售巨头亚马逊和科技巨头苹果联合推出了"AR View"购物功能，苹果用户可以通过 Apple Store 中的亚马逊 App 感受到最前沿的 AR 购物。得益于 AR 技术的快速发展，其在各行业的应用程度日渐加深，尤其是在电商行业的发展及应用给人们带来了前所未有的极致购物体验。

新零售时代，AR 购物的快速发展给创业者及企业提供了广阔的发展空间，而且作为新一代消费主体的"80 后"及"90 后"乐于接受新鲜事物，对这种带有黑科技色彩的购物方式给予了相当高的期待。

自马云提出新零售、高云提出共享新零售概念以来，各路玩家在新零售领域的布局进程日渐加快，而他们对新零售认识的差异，也导致了布局重点有所不同，社区零售、无人零售店等多种玩法大量涌现。随着越来越多的创业者及企业进入新零售领域，如何找到一个引流能力强、易于建立核心竞争力的切入点显得尤为关键，而将 AR 技术与新零售技术结合的 AR 购物凭借其良好的购物体验，再加上相对较高的竞争门槛，受到了相当多零售企业的高度重视。

AR购物在美妆、服装品类率先落地，2017年9月，天猫对原有VR购物"BUY+"进行升级，上线了AR购物功能，用户在淘宝或天猫App中点击"扫一扫"页面中的AR，就可以开启AR购物。与此同时，在2017年"双十一"期间，淘宝"AR红包雨"也让用户体验到了AR技术的神奇之处。此外，AR技术也被应用到了天猫推出的"扫天猫"活动中，扫描次数累计近16亿次。

同为电商巨头的京东也在积极布局AR购物，在2017年9月上线了AR购物功能，销售的商品以美妆品类为主。消费者可以在京东App中选择自己感兴趣的美妆产品，点击商品页面中的AR试妆，就可以"体验"产品，了解其是否适合自身需求。京东通过AR技术打破了虚拟和现实之间的边界，能够让用户近乎真实般的体验美妆产品，同时，颠覆了传统的品牌和用户的交互方式，为美妆爱好者提供了更为多元的购物渠道。

家居产品销售同样使用了AR技术，从目前的家居市场环境来看，定制家居受到了相当多用户的青睐，这很大程度上是因为个性化消费的快速崛起。早在2013年时，国际家居巨头宜家曾经上线一种可以让用户足不出户就能了解家居产品在家中实际效果的互动产品。

而宜家在2017年9月推出了具有AR功能的应用产品IKEA Place，用户在家里使用App扫描想要摆放家居产品的区域后，再通过点击屏幕将家居清单列表中的产品移动到指定位置后，就可以了解家居产品在家中的实际摆放效果。

家居品牌打扮家在2016年上半年上线了VR家装功能，2017年1月，该公司完成了4 000万元的A轮融资，并上线了能够进行AR购物的应用产品AR家居。用户在手机终端上打开该App后，可以从丰富多元的家居产品中选择自己感兴趣的产品，并为其设计摆放位置，几乎就像置身于真实场景之中。

不难发现，如果未来类似AR家居这种产品能够发展成熟，将有效解决人们

第 6 章
VR/AR 零售：重塑未来零售产业新图景

购买家居产品过程中，由家居产品组合效果不佳所引发的退换货问题，并有效降低家居购物时间成本。

在汽车零售领域，AR 技术也具有十分广阔的应用前景。苹果公司推出了增强现实开发者平台 AR Kit，谷歌公司推出了增强现实开发者平台 AR Core 等。有相当多的开发者尝试将 AR 技术应用到汽车展示及零售方面，比如，AR Kit 中曾经受到汽车销售从业人员广泛关注的、基于平台工具打造的奔驰汽车 3D 渲染模型，该模型具有和用户进行交互的内部空间，而且提供了从多种视角了解汽车的功能。

三菱电机推出的概念车 EMIRAI4 也应用了 AR 技术，在这款概念车中，车主能够借助 AR 技术更为便捷、安全地"驾驶"汽车，同时，可以深入了解汽车当前的运行状态。

在 2016 年的广州车展上，汽车之家联合广汽传祺推出了 AR 看车的服务，让用户从全新的视角感受广汽传祺汽车的别样风采。为了能够在激烈而残酷的汽车市场中成功突围，越来越多的汽车厂商和科技公司合作，探索汽车的数字化呈现、针对用户个性需求的定制设计及营销等，通过科技赋能为广大消费者创造更多的价值。

在诸多创业者及企业的积极探索下，AR 购物项目如雨后春笋般大量涌现，为零售行业进一步走向成熟提供了强大推力。资本助推及消费升级驱动下，AR 购物技术会越来越成熟，并将助力正处于转型阵痛期的广大国内零售企业实现转型升级，构建出强大的外部竞争力。

6.2.2 为用户制定科学合理的购物决策

将 AR 技术应用到零售领域后，可以使购物场景中的内容得到极大地丰富，更为全面地展示出商品细节信息,尤其是在线上购物过程中,其增强现实的特性有助于解决线上购物产品体验缺失的痛点,从而帮助消费者制定更为科学合理的购物决策。

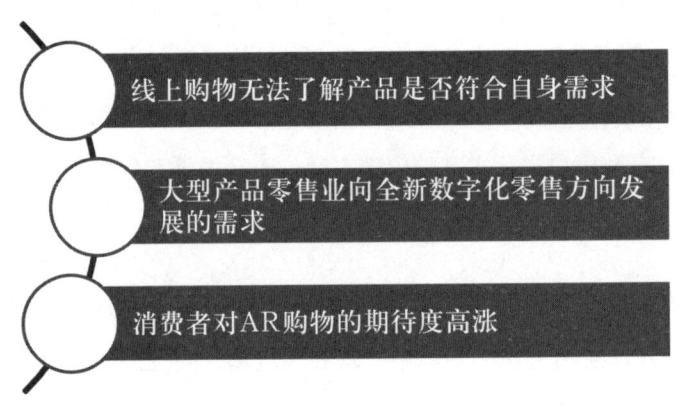

图 6-1 为用户制定科学合理的购物决策

1. 线上购物无法了解产品是否符合自身需求

在天猫、京东、亚马逊等电商平台购物时,消费者通常仅能利用商品页面中的文字、图片、音频、视频等内容了解商品,由于色差的存在,商家为了销售商品而故意美化产品,型号、尺寸等信息描述不清晰等问题,很难让消费者买到真正适合自己的商品,严重影响了用户体验。

而 AR 购物能够结合个体提供的身高、体重、年龄等信息建立三维立体人物模型,让消费者身临其境般的试用、试穿,帮助消费快速了解商品是否真正适合自身的个性化需求,有效降低购物时间成本及退货率,提高商家的经营水平。

2. 大型产品零售业向全新数字化零售方向发展的需求

大型商品线下零售需要较大的商品展示空间,在门店租金成本不断增长的局

第 6 章
VR/AR 零售：重塑未来零售产业新图景

面下，使商家的经营成本越来越高，同时，人们已经厌倦了传统的线下营销模式，一味地硬性推广让很多新时代消费者心生反感，这种情况在汽车、家具等大型商品线下零售中尤为严重，如何降低营销成本，并改善用户体验，是相关从业者亟须解决的重点问题。

而在 AR、物联网、大数据等新一代信息技术的支撑下，企业可以实现对大型商品的数字化展示，让消费者坐在一个模型中，选择自己感兴趣的商品的型号、尺寸、材质、软硬件配置等，获得前所未有的极致购物体验，这将极大地节约大型商品展示空间，并改善用户体验。

3. 消费者对 AR 购物的期待度高涨

对 AR 技术在零售领域的应用，不仅商家持积极态度，消费者也对其充满了期待，他们希望 AR 技术能够创造更多好玩、有趣的购物场景，在智能手机、Pad 甚至可穿戴设备中就能身临其境般地购买商品。事实上，对于愿意尝试新生事物的"80 后""90 后"群体，虽然他们尤其强调品质消费，但对新生事物出现的问题也持相对宽容的态度，愿意给新生事物足够的成长空间。这种局面下，AR 购物自然会实现快速增长。

消费持续升级背景下，购物体验不佳问题在零售领域愈发突出，面对着激烈而残酷的市场竞争，国内未能建立强大品牌的广大中小企业生存状况十分堪忧，而 AR 购物为解决购物体验痛点提供了有效途径，能够实现商家和消费者的合作共赢，将成为未来零售业的一种主流发展趋势。

6.2.3 借助 AR 技术解决电商购物的痛点

AR 技术推动了传统零售行业的转型升级，为零售业发展增添了新的活力与动力，尤其是阿里、京东等巨头在 AR 购物领域的积极布局，为 AR 购物的推广普及提供了强大推力。在巨头强大的技术、人才、资金等诸多优质资源的支撑下，AR购物获得了广阔的发展空间。

从几年前被作为一种新奇概念，到如今即将进入商业化应用阶段，AR购物在短短几年时间里得到了长足发展，阿里投资瑞士AR汽车导航公司Way Ray、汽车之家领投视+AR、索道资本领投亮风台等，AR购物的商业化应用近在眼前。AR购物不仅可以改善用户体验，还能有效降低企业经营成本，让海量的商品以三维立体模型的形式展示在智能手机、Pad等移动终端中，节约实体展示空间及营销成本。

谷歌公司也在积极推进AR购物的发展及应用，据公布的数据显示，截止到2017年年底，谷歌中将会有上亿台设备配备AR技术，在其推出的增强现实开发平台ARCore中，开发者及企业数量保持快速增长。2017年10月，谷歌和三星达成战略合作，三星Galaxy智能手机系列将引入ARCore。

苹果也推出了增强现实开发平台AR Kit，目前，苹果的iOS 11系统已经支持AR Kit。据统计数据显示，全球范围内搭载iOS 11系统的设备保有量高达3亿台以上。华为、小米等国产智能手机品牌也在积极尝试引入AR技术，随着相关技术持续突破及硬件成本不断降低，未来，支持AR技术将成为智能手机的标准配置。

AR营销爆发出了超乎预期的强大能量，国际知名冰淇淋品牌哈根达斯制作的《等两分钟，口感更好》的AR广告，在Facebook、YouTube等社会化媒体中引发了广泛的话题讨论。可口可乐也推出了让消费者用智能手机扫描瓶身就会出现的AR小视频。VISA利用AR技术将近乎真实的长颈鹿、大熊猫、北极熊等野生动物带入购物中心。迪士尼在新加坡设立AR站牌，为旗下的唐老鸭等IP进行营销推广。

第 6 章
VR/AR 零售：重塑未来零售产业新图景

阿里、京东等电商巨头积极利用 AR 技术解决电商购物体验缺失痛点，丰富消费者的线上购物场景，让消费者可以足不出户就能像在实体门店一般体验商品。毋庸置疑的是，AR 购物将会给零售业带来前所未有的颠覆性变革，成为新零售时代的一种主流零售业态。当然，目前 AR 购物尚处于初级阶段，仍存在很多需要解决的痛点，但我们有理由相信在阿里、谷歌、苹果等巨头的引领下，这些问题都将得到迎刃而解。

6.2.4 AR 购物场景应用需要解决的问题

AR 购物的崛起，使饱受诟病的购物体验不佳问题有望得到真正解决，但从实际发展情况来看，AR 购物的商业化应用尚处于初级阶段，商家更多的是将其应用到广告方面，未来仍有相当长的一段路要走。具体来看，AR 购物场景应用的问题主要体现在以下几个方面：

（1）购物场景丰富多元，消费需求个性化、差异化，AR 购物可能无法充分迎合用户需求。以美妆产品为例，对美妆产品而言，消费者评价其产品优劣时，不仅考虑使用后可以展现出来的视觉效果，其质地、舒适性、长期效果等也非常关键，要想真正满足用户需求，还必须结合线下的实际体验。

（2）AR 购物解决了用户体验问题，但可能无法给企业创造预期价值。对阿里、京东、苏宁、国美等线上线下的零售巨头而言，确实 AR 购物的应用能够激活存量，充分发掘出其庞大用户群体的潜在消费价值。但对那些中小企业来说，引入 AR 购物需要较高的成本，而且短时间内难以体现出引流效果，很容易让中小企业面临较大的资金压力。

（3）AR 购物无法保障商品品质。目前，AR 购物针对的主要是体验问题，但对网购中的产品质量保障并没有实质帮助。在 AR 购物中，呈现给消费者的信息也是经过商家精心设计的,其真实度很大程度上取决于商家的自主性。

(4) AR购物的交互性还有较大的提升空间。目前,在AR购物场景中,企业主要将资源与精力放在了信息展示方面,对场景和消费者及商家和消费者的互动缺乏足够的重视,难以让消费者的实时互动需求得到充分满足,从而使购物乐趣及体验感明显降低,影响了消费者使用AR购物的积极性。

整体来看,AR购物拥有着广阔的发展空间,新零售时代,也为AR购物等新兴业态的快速发展提供了优良环境,AR购物确实可以有效改善用户体验,但它更多的是购物形式的补充,存在着一定的适用范围,不能将其盲目地应用到所有场景。针对用户的个性化需求,为其提供相应的购物方式并打造与之匹配的购物场景,才是更为明智的选择。

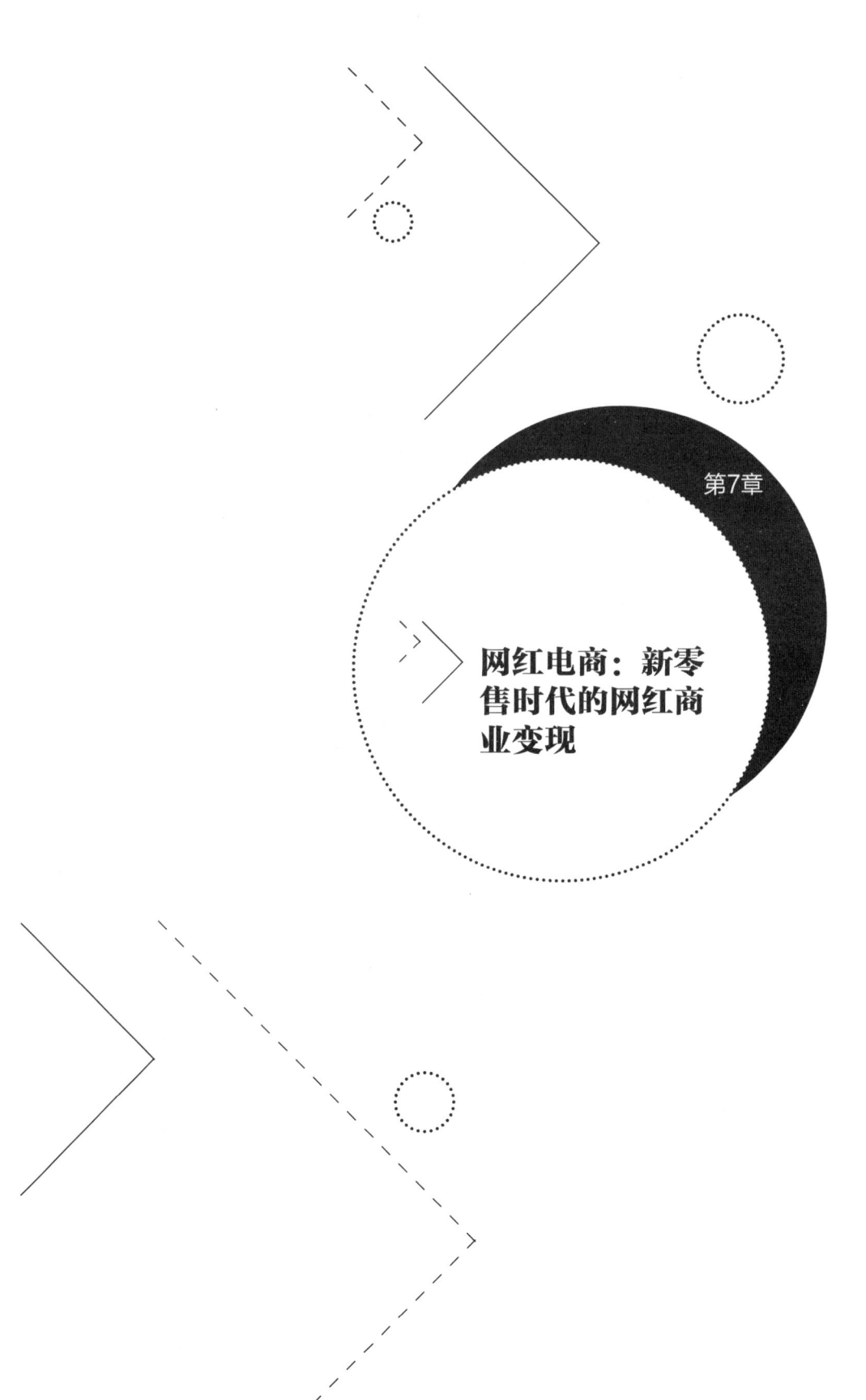

第7章

网红电商：新零售时代的网红商业变现

7.1 网红电商：网红经济重塑电商生态

7.1.1 网红经济：获取流量的最佳渠道

网红并非是近两年才出现的概念，只不过由于其与电商结合后所表现出来的强大变现能力而受到了社会各界的广泛关注。那么，网红电商的背后又隐藏着怎样的商业逻辑呢？

部分网红借助于某些热点事件一时间名声大噪，但不久后就消失在公众视野，这类网红是典型的阶段性网红。而一些生命力较强的成熟网红背后，往往有着专业团队甚至是网红孵化公司，就像培养传统娱乐明星一般对他们进行包装，这样才能使网红拥有较长的生命周期，而不是昙花一现般地迅速被后来者所取代。当然，通过各种变现手段，网红及其背后的团队也能够获得相当丰厚的利润回报。

各种移动设备的大量涌现，使很多在传统PC时代单一的电商流量入口变得更为多元化，人们的消费变得移动化及碎片化，通过为某一细分群体提供定制化产品及服务成为一种主流发展趋势。

正是移动互联网与各种移动终端的迅速普及，使得网红群体规模迎来爆发式增长。因为人们使用智能手机等接入移动互联网的设备后，能够在各种各样的线上社区中和其他有共同兴趣的网民交流互动，网民因此而聚集成为一各个具有某种调性的细分群体。网红可以视作为某一群体的代表与精神领袖。这也是为何不同网红之间的粉丝不容易相互转化的重要因素。

第 7 章
网红电商：新零售时代的网红商业变现

和传统的娱乐明星相比，网红更加平民化，具有明显的草根色彩，和粉丝在社交媒体上的互动交流更加频繁。那些名气较高的网红，不仅在某一方面有着十分丰富的知识与经验，而且还通过各种线上及线下活动，和粉丝之间建立起了稳定而牢固的信任关系。

1. 按照平台类型划分

（1）微博网红

互联网高手郑俊雅老师说："微博网红主要是指那些将微博作为核心平台，通过在微博上发布内容来积累粉丝的网红。作为国内最大的社交媒体工具之一，微博的开放性与相对比较浓厚的商业化氛围，吸引了大量的网红入驻，绝大部分的网红都会开通自己的微博。"

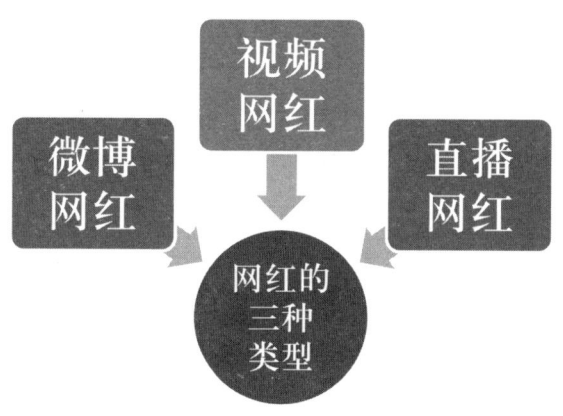

图 7-1　网红的三种类型

（2）视频网红

视频网红相对比较集中的平台主要有优酷、腾讯、爱奇艺等大型综合视频网站及秒拍、小咖秀等垂直视频平台，视频网红们会定期在这些平台上传自己精心制作的原创内容。

（3）直播网红

近几年兴起的视频直播给网红提供了一种新的成长途径，网红们在YY、斗鱼、熊猫、映客、六间房等视频直播平台上进行直播，并与观众进行实时互动交流，从而积累了大量忠实粉丝。

网红经济的崛起吸引了很多传统行业从业者加入网红大军中来，如媒体人、运动员、平面模特等。以平面模特为例，由于工作的关系，平面模特能够在线上商家的店铺中有较高的曝光率，经过一段时间的沉淀后，她们也会积累出一定的粉丝，从而成为小有名气的网红，经过团队或网红孵化公司的包装培养后，也有可能成为顶级网红。

2. 按照粉丝数量划分

根据价值变现的潜力，网红可以分为：不到10万粉丝的网红，10万～50万粉丝的网红，超过50万粉丝的网红，达到千万粉丝级别的网红。

从实际情况来看，第一种不到10万粉丝的网红的变现价值相当有限，甚至有部分网红的粉丝是用机器刷出来的；第二种10万～50万粉丝的网红属于成长型网红，具有一定的变现潜力；第三种超过50万粉丝的网红已经小有名气，一些品牌商会主动寻求合作；第四种达到千万级别的网红已经算是相当成功，通常其背后有着强大的运营团队，甚至已经成立了公司。

7.1.2 整合资源：拓展电商的销售渠道

近两年，"网红"已成为互联网领域的热门词汇，而有机融合社交与电商的网红经济模式，也逐渐成为社交平台和传统电商突破发展瓶颈的一个重要方向和

第 7 章
网红电商：新零售时代的网红商业变现

出口。另一方面，网红经济展现出强劲的发展势头，越来越多的明星网红开始借助自身的知名度和影响力做电商，经营自己的电商品牌。

那么，网红电商是如何开始的，运营者又该如何从激烈的竞争中成功突围，甚至将自身打造成互联网领域的"ZARA"呢？

网红电商运营者需要明白，消费者行为方式的转变才是推动市场变化的主要原因。随着移动互联网和社交自媒体的发展成熟，社交逐渐取代搜索成为消费者获取商品和服务信息的主要手段，进而催生出众多消费型社交用户。

这些用户更关注产品或服务，并主要根据社交平台中的内容做出消费决策。这一商业模式中，消费者逛街的主要场所从淘宝转移到了微博、朋友圈等社交平台。

以微博为例，时尚红人的微博年阅读累积量往往能达到千亿，仅"双 11"期间的微博阅读量就能达到百亿，红人与粉丝的交互频率远高于平时。如果再结合活动期间各个网红店铺千万级别的单日产品销量，便可发现电商化运作不仅没有让网红失去粉丝，反而成为提高粉丝活跃度、增强粉丝黏性的重要手段。

可见，正是消费者的转变推动了网红电商的崛起，也为后者的发展演变提供了巨大空间。在未来的电子商务格局中，网红电商及相关的承载平台将占有十分重要的地位。

单独一个时尚类网红店铺很容易运营变现，但若要扩大规模，则必然会涉及对网红资源的整合与培养。这是当前相关创业项目和网红电商运营平台最主要的发展痛点。

图 7-2 张大奕的微博互动量示例

一方面，网红资源特别是适合做电商的网红资源比较稀缺。并非所有的红人都有强大的产品销售能力，除了内容和互动方面的考虑，最重要的因素在于"粉丝浓度"。比如，张大奕的网店粉丝主要来源于之前如涵淘宝店多年经营积累的老客户，因此，在某种程度上她其实是对老客户进行的 CRM 运营。

另一方面，其他一些达到千万级销量规模的网红，大多也已拥有自己的店铺和销售渠道。这导致纯电商平台很难整合这些具有强卖货能力的网红，也难以分享他们的流量资源，以推动自身成长。

第7章
网红电商：新零售时代的网红商业变现

当然，网红大V也同样有着自身的发展痛点。他们虽然拥有比较稳定的变现收益，但在粉丝规模和影响力方面容易遇到瓶颈，必须借助其他渠道进行粉丝拓展；同时，网红要想持续稳定地输出优质内容，吸引和黏住更多粉丝，也离不开专业平台和运营团队的支持。对此，一个有效的解决方案是有机结合媒体与娱乐资源以获取更多关注和粉丝，而这也符合大多数网红向明星化转变的目标。

获取网红资源的另一条路径是将娱乐明星转化为网红。这类明星网红虽然刚开始难以达到预期的粉丝规模，但总体趋势是不断增长的。不过，还有一个关键痛点是如何平衡好培养成本与长期的利益分配。

可见，网红明星化和明星网红化是网红资源整合的交汇点，媒体娱乐机构和传统电商平台可以在此进行有机融合，打造出更具价值想象空间的网红电商模式。

以美国的MCN（多频道网络）为例。MCN类似于我国的网红电商服务平台，主要是签约大量网红，帮助网红创作和发布优质内容并进行受众分析，更重要的是MCN还承担着"接单"的角色。

因此，与单个网红相比，MCN才是驱动美国网红经济发展的主要动力。当MCN聚合了几百上千个网红后，便具有了持续进行内容创作的坚实基础，以及与内容消费者和广告商议价时更大的话语权。同时，基于内容大数据分析衍生出的数据分析业务以及其他一些对内容的技术支持，MCN还能够主导影视工作室的内容创造，打造IP，从而拓展出更广阔的商业化发展空间。

商业变现方面，MCN并没有局限于内容售卖和广告模式，而是不断探索创收水平更高的电商化路径，如最大美食类MCN Tastemade衍生出的Facet，Michelle Pham创建的化妆品牌EM等，都是十分成功的网红电商案例。另一个需要关注的项目是Victorious，它主要为粉丝提供与喜欢的网红进行互动以及创作内容的机会，并借此获取收益分成。

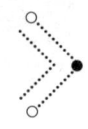

国内来看,很多较具实力的平台或创业项目也开始学习借鉴美国MCN的运作模式。比如专注美妆视频教学和美妆社区的移动应用"快美妆",其创始人团队既有来自华娱卫视的顶级时尚内容摄制团队,也有来自腾讯和华为的强大的互联网开发运营团队,因此,在内容制作和产品体验方面具有很大优势。在培育、积累了众多美妆网红后,该平台又开始探索布局网红经纪模式。

7.1.3 网红营销:打造网红自身影响力

随着互联网的发展,一种新的市场形式——中国电子商务迅速崛起,为市场注入了一股新能量。近年来,在国际贸易中,电子商务所占份额日益增大,开创了市场体系新格局。据相关数据显示,虽然我国传统外贸年收益率的增长速度在10%以下,但跨境电商收益率的增长速度却超过了30%。电商作为一种新兴的贸易模式有诸多独特的优势,比如成本低、扩宽性强、市场广阔、系统健全、需求量高等等。

所以,要对电商进行研究,就必须对贸易方式的变革、变革特点、变革所带来的影响、未来的发展趋势进行研究。

网络红人指的是在互联网环境中因某件事、某个行为备受网民关注而走红之人的总称。这些人的走红都有一个共同的特点:在网络作用下其身上的某种特质被无限放大,这种特质与用户的审美心理或者看客心理相契合,受到网民的追捧成为网红。网红借助社交平台或者社交媒体聚集粉丝,积聚人气,这些粉丝与人气就是网红的社交资产。借助这些社交资产向用户开展定向营销,就能成功实现人气到购买力的转化,获取商业利润。

事实上,网红借助社交平台与社交媒体与用户互动,吸引、积聚粉丝,并以此为基础形成独立的IP的过程就是网红构建自身影响力,创建自有品牌,参与电商平台,获取购买力的过程。

ToBox——盒子科技，与中国的淘宝平台非常相似，是一家植根于俄罗斯的 C2C 跨境电商平台。众所周知，受人才、技术等种种因素的影响，俄罗斯的轻工业发展非常缓慢，为满足生活需求，俄罗斯人非常喜欢购买中国的轻工业制品，比如服装、装饰品、家居用品等。为了方便交易，ToBox 应运而生。ToBox 主要经营中国的 3C 产品、小饰品、服装鞋帽、家居用品、汽车用品等。为了更好地吸引买家与卖家，ToBox 利用网红进行商业营销。

俄罗斯既有名气又在从事产品销售的网红共有 9 人，ToBox 与其中的 2 人达成合作，这 2 名网红的粉丝数量均在 2 000 万以上；较有名气的网红共有 200 多人，ToBox 与其中的 30 多人达成合作，这 30 多名网红的粉丝数量也均在 300 万以上。ToBox 为了给网红的产品营销活动提供方便，在网红的支持下构建了一种网红电商模式，借助此模式，ToBox 迅速进入俄罗斯市场，并成功完成 A 轮融资。

由此可见，在打开国际市场方面，网红电商具有强大的开拓性功能。

在网红经济崛起的大背景下，一大批电商网红逐渐出现。这些电商网红在前端吸引流量，解决传统电商流量获取困难、成本高等问题；在后端与供应链对接，增强网红的货币交付能力，帮助其解决运营难题。虽然电商与网红相辅相成，但从投资者的角度来看，电商网红类项目面临着诸多问题，这些问题主要体现在市场体量、综合能力、孵化成本等方面。

7.1.4 快速吸粉：粉丝流量的商业变现

1. 给粉丝一个买单的理由

从粉丝的角度来说，对于网红向他们推荐的商品，必须具备较高的性价比才能打动他们，也就是说，粉丝要从商品购买中获益。反之，如果商品的性价比较低，则会打击粉丝下单的积极性。

通常情况下，在网红聚集的粉丝群体中，铁杆粉丝在总体中的占比达两成左右，只要是网红推荐的商品，他们都会下单购买。其余八成的粉丝用户则会客观而理性地看待网红推荐的商品，在制定消费决策的过程中，他们会对不同产品进行比较，网红则需在推荐过程中展现自己的专业能力。而在商品品类日益丰富的今天，很多粉丝在多样化选择面前会犹豫不决，在购物时并没有清晰的需求定位，在这种情况下，网红需要依靠自身专业能力对用户需求进行引导。

网红推荐的商品不仅要具备较高的性价比，还要与用户需求相匹配，具有较强的实用性，即粉丝用户拿到商品之后就能运用到自己的生活或工作中，解决自己的相关需求。要挖掘粉丝用户的商业价值，就要保证产品质量，通过向粉丝提供优质产品获得他们的认可，提高其黏性。

除此之外，如今的消费者越来越注重个性化元素，部分粉丝更喜倾向于选择那些独具特色的个性化商品，因此，网红及其运营团队应该注重产品结构的合理性，将实用性产品与个性化产品都囊括在内，为粉丝提供多元化选择。

在向粉丝推荐商品时，网红需注重现场气氛的营造，限定优惠时间，刺激粉丝的消费欲望，为此，主播需要在直播过程中保持高昂的热情，强化对整个直播节目的进程及节奏的管理。优秀的网红需要使直播节目保持紧凑感，提前设定好商品的价格、销售时间、销售数量都等，在规定时间内售完为止，让参与抢购的粉丝觉得物有所值。

同时，运营方还要注重产品价格的设置，对粉丝群体的总体消费能力进行分析，根据其消费水平来设定商品价格。在推出新产品时，运营方需做好前期的造势准备，刺激粉丝的消费需求，并推出抢购活动，进一步促进产品的销售。

2. 粉丝持续消费的密码

为了提高粉丝消费的持续性，网红应该对粉丝群体的消费水平进行了解，对每个粉丝每月用于购买自己推荐产品的资金支出情况进行把握。在此基础上，运营方能够推测出在不同时段内各个粉丝的消费能力，提高双方交易频次的同时，使其消费支出能够控制在合理范围内。

在铁杆粉丝中，学生群体是其重要组成部分。这类粉丝的消费能力较低，盲目性较强，愿意为自己的偶像付出时间与精力，但受到经济收入的限制，他们在每月的开端时期拥有较强的消费欲望及消费能力，但后期会进入节制消费阶段，难以进行持续性消费。针对这类粉丝，网红及运营方应该拓宽覆盖范围，为其提供适度的优惠，促使他们将产品推荐给更多用户，增加粉丝数量。

有些网红颇受宝妈的青睐，这类铁杆粉丝具备较强的消费能力，闲暇时间充足，其需求多集中于心理及情感层面，在培养这类粉丝用户的过程中，应该注重双方之间的互动，解决她们在日常生活中遇到的问题，增强双方之间的情感联系，使她们对自己产生信赖感，从而通过消费产品来支持自己。

通常情况下，铁杆粉丝在网红聚集的所有粉丝群体中的占比最高可达20%，要实现铁杆粉丝的积累，需耗费大量时间与精力，但这批粉丝群体蕴藏着巨大的商业价值，能够为网红的发展提供强大支持。

除此之外，网红要注重对粉丝内在需求的挖掘，对其消费行为进行引导。举例来说，女性粉丝对服装存在长期需求，网红可以据此对粉丝的需求进行拓展，向她们推荐与之相搭配的配饰、鞋子等。在营销期间，不妨推出团购优惠，促使粉丝与自己的好友一起下单，获取更多的粉丝用户。

3. 占领钱包：从个人到家庭

与个体消费者存在紧密联系的是家庭，网红的粉丝群体也是如此。网红通过与粉丝保持良好的互动关系，能够以此为切入点，吸引其他家庭成员的参与，在与粉丝拉近距离的同时，与他们的家人保持联系，进一步拓展消费群体。

在培养家庭消费群体的过程中，运营方可推出针对粉丝家庭成员的优惠活动，通过调研形式把握这部分消费者的需求，为参与调研的家庭提供奖励，在提取需求的基础上，综合考虑自身定位，推出针对粉丝家人的回馈活动，促使双方交易的达成，通过长期的关系维护积累更多粉丝。如果粉丝需求与自身定位存在较大差异，或者其需求超出自身的供应能力，网红及其运营方也可以与同行合作，共同举办营销活动，实现双方粉丝资源的共享，促进自身产品销售。

为了增加粉丝家人消费的持续性，网红及运营方应该对粉丝家庭的消费情况进行把握，从中找出消费能力较高、与自身运营相符的粉丝家庭，这类粉丝家庭在总体中的占比大约为两成。在日常运营过程中，网红需要牢牢把握这部分消费者，增强与他们之间的互动关系，为其提供类似会员的专属优惠权利，并不断强化自身的运营能力，完善供应链建设，使自身运营能够更好地满足粉丝家庭的需求。

除此之外，在对待原有粉丝与粉丝家庭的过程中，网红及运营方需处理好两者之间的关系，不能因过度重视一方而忽视另一方。在直播过程中，网红应该对原有粉丝及新加入的粉丝给予足够重视，在日常运营中，则需与粉丝及其家庭维持良好的互动关系，如果粉丝足够信赖自己，网红可以发挥自己的特长，对其消费行为进行指导。

7.2 直播电商：引流、转化与变现技巧

7.2.1 直播电商：网红新零售的突破口

近年来，直播行业迅速崛起，直播形式在多个互联网领域得到应用，促进了

第7章
网红电商：新零售时代的网红商业变现

"直播+"经济的发展。

"直播+娱乐"的发展渐趋完善，以视频互动平台"9158"的成功上市为典型代表，另外，移动社交平台"陌陌"于2015年12月推出开放直播平台，如今，直播业务已成为陌陌的重要盈利渠道，足以说明"直播+娱乐"在商业化开发方面的巨大潜力。

"直播+营销"受到大批综合类直播平台的青睐，为提高自身影响力、促进产品销售，一些品牌与直播平台联手，在营销环节发力，并达到了自身的推广目的。除此之外，"直播+电商"也呈现蓬勃发展趋势，对于这两个行业的结合，有业内人士认为，电商通过联手直播平台，能够避免与互联网巨头企业正面交锋。有人则对"直播+电商"的发展持怀疑态度。他们立足于如下两个方面原因，唱衰"直播+电商"的发展。

（1）直播与电商的结合难以取得理想效果。从根本上来说，直播与电商的结合，等同于电商通过电视渠道开拓业务，但电商在与电视联合发展的过程中并不顺利，在直播应用过程中自然也会遇到许多问题。电商采取的所有措施都是为了增加销量，而目前直播与电商的结合距离达到这个目的还很远。

（2）从宣传形态的角度来分析，从根本上来说，直播与传统的文字、图片方式是一样的，在"直播+电商"经济模式中，电商的本质仍然与传统模式下一致，但之前并未提出"文字+电商"，或者"图片+电商"的概念，因此，有人对"直播+电商"提出了质疑。

事实上，由上述两种原因得出的推论是有失偏颇的。

电商与电视的结合发展未取得良好效果，并不代表电商与直播的结合发展也注定要失败，尽管直播与电视的应用存在许多共性，但直播带有鲜明的移动互联网化特征，这使得直播与传统电视存在根本性的区别。

另外，实践主体也能对最终结果产生重要影响，如果是互联网巨头企业主导"直播＋电商"的发展，肯定会带来惊喜。将直播视为一种宣传方式，只是对直播在营销方面的应用进行了探讨。事实上，电商平台应该将直播方式视为必不可少的设施，而不仅仅是宣传途径。

在行业发展过程中，其商业模式会进行快速更迭，网红领域也不例外。如今，网红的影响力成为商家的又一大利器，在电商未来的发展过程中，将有越来越多的商家借助网红进行内容输出，并与目标消费者展开高效互动，进而促进双方交易的达成。

传统电商多聚焦于商品本身及店铺的运营，而"网红＋电商＋直播"的发展包含了诸多环节，比如供应链的调整与完善、对粉丝群体的管理、网红培育及管理、直播运营及相关技术的采用等，比传统电商复杂得多。

以京东、淘宝为代表的实力型电商平台，能够独立完成生态系统的建设及运营。相比之下，中小电商平台及个体电商品牌因资源有限，无法凭借一己之力进军"网红＋直播＋电商"领域，在这种情况下，平台需要与相关服务机构进行合作。

比如食品类 B2C 电子商务网站"中粮我买网"，该平台为提高自身影响力，联手数字营销解决方案提供商"喜宝动力"，进行了西餐烹饪直播。参与此次直播的，有经验丰富的著名厨师，也有粉丝基础庞大的知名网红与偶像明星。电商平台通过直播方式向观众讲解优质食材的重要性，并体现了我买网在食材引进、加工等方面的精细化运作，获得观众的认可与赞赏。

在此次直播中，淘宝直播与映客成为直播内容的输出渠道。根据统计结果，直播当天，中粮我买网推荐的商品销售量达到 750% 的增幅，其成交额度达到 629% 的增幅，参与直播的用户转化率比平日增加了 331%，不仅如此，中粮我买网的总体订单量与交易收入也出现了明显增加。

综上所述，在"网红+直播+电商"模式兴起的今天，网红应拓宽思路，通过电商化运营及直播方式变现，电商则应联手知名网购共同进行直播，促进自身的产品销售，实现业绩提升。经营者想占据更多的市场份额，就要抓住机遇，找到适合自己的发展之路，并尽早展开布局。

7.2.2 直播电商模式崛起的内在驱动力

从根本层面来分析，电商与网红及直播结合发展的模式，与传统的电视直销并无二致，其区别主要体现在，直播主持人与目标消费者之间能够进行双向互动，但电视直销无法做到这一点。但这两种模式都是商家通过实施营销方法达到商品销售的目的。然而，传统的电视直销并未达到预期效果，那么，"网红+直播+电商"受到青睐的原因是什么？

1. 立足于网红角度分析

从 20 世纪 90 年代末，以安妮宝贝、慕容雪村为代表的作家，是早期出现的一批网红，之后，芙蓉姐姐、凤姐也在网上走红，但那时的网红还未进行变现。随着该领域的发展，越来越多的网红开始进行商业化运营，"网红经济"随之诞生。伴随着互联网领域的开放化程度日渐提高，网红通过内容输出实现粉丝用户的积累，为后期的变现提供足够的支持。

近年来，直播平台进入全面发展阶段，越来越多的网红开始寻求与直播及电商结合的发展之路。网红正作为新兴经济产业出现在市场上，在网红经济的后续发展过程中，直播应用及电商化运营也将越来越普遍。

2. 立足于直播平台的角度分析

现阶段下的直播平台主要包括以下三类：一类是主打网络游戏的直播平台，典型代表如虎牙 TV、斗鱼 TV；一类是主打日常生活、娱乐特征鲜明的直播平台，以映客、YY 为代表；还有一类是直播电商平台，典型代表如淘宝直播、蘑菇街直播等。

随着该领域内市场竞争的开展，大批直播产品将被淘汰出局，只有那些实力雄厚的大型平台，及一小批聚焦于细分领域的直播平台会获得持续性发展。

当直播市场的竞争程度日趋激烈，平台为生存下去，就要进行模式及思维的创新。在此背景下，不少直播平台开始寻求与电商的结合，企图通过电商运营达到变现目的。一些积累了优质粉丝用户的网红主播，以及位于行业发展前列的直播平台，可通过电商运营及广告投放进行变现。

3. 立足于电商发展角度

当电商行业处于早期发展阶段，其用户数量呈快速增长状态，为电商平台的发展提供了坚实的基础。近年来，电商的流量红利期已过，与此同时，随着微博、微信等的崛起，很多用户从电商平台转移到新兴销售渠道，传统电商的发展受到冲击，为了在竞争中维持自身的市场地位，很多平台在流量获取方面投入大量资源。

流量对电商发展的重要性不言而喻。国内电商经营者需要认识到，如今，整个电商行业的发展速度有所下降，而缺乏流量支持的电商平台将陷入发展困境。近两年来，以京东、阿里为代表的实力型电商平台，出现商品交易总额同比增速走低的现象。

在这种情况下，快速兴起的直播与网红经济，给电商行业带来了新的发展思路。传统电商采用图文形式展示商品，而网红直播能够以视频方式向用户讲解商品的更多信息,在观看直播的过程中,用户不仅能够获取产品信息,还能与主播进行互动,并通过简单操作直达商品链接、领取红包或者参与优惠活动,在享受娱乐的同时完成交易。

电商与网红联手进行直播,既能实现优质粉丝用户的积累,又能借助网红的影响力,在直播过程中与用户展开互动,扩大产品及品牌的覆盖面。与传统广告及代言营销方式相比,网红直播更能激发用户的消费需求。

7.2.3 优势:有效解决用户的购物痛点

如何来理解"直播+电商"?直播与电商的结合发展,指的是电商平台采用直播方式进行产品、服务的推广与销售。

传统电商在发展过程中存在许多不足:

从消费者的角度来分析,与线下渠道的购物方式相比,要通过电商平台满足自身的消费需求,只能获得网络渠道提供的有限信息,而在缺乏现场体验的情况下,消费者难以凭借这些信息做出最终的决策。举例来说,在选购汽车、服装乃至化妆品时,消费者都希望进行切实的体验,并希望现场有导购人员为其提出专业建议,但传统电商无法满足消费者的体验需求。

另一方面,在线上渠道购物无法满足消费者的社交需求,无可否认的是,网购方式帮助消费者节省了大量时间与精力,但在传统购物方式下,很多消费者能够与好友一起享受逛街、选购商品的乐趣,并相约在购物之后一起吃饭或参与其他娱乐活动,这是传统电商运营的不足之处。

在电商发展过程中,为解决行业存在的不足之处提出了一些应对方案。例如,为了呈现服装的上身效果,一些商家推出网络3D试衣间,或向买家提供免费试穿服务。为了给消费者提供专业的指导，早期以蘑菇街为代表的导购平台联合时尚达人进行讲解。

对于选购新房的客户，商家采用虚拟现实技术，推出数字化样板房，为客户提供沉浸式体验。针对选购家具的消费者，为了确保家具尺寸的合理性，商品宅配推出上门量尺服务，商家应用增强现实技术（AR），方便用户对家具的摆放效果进行感知。

在商家提出的这些应对方案中，像免费试穿、上门量尺这样的服务虽然能够满足消费者的切实需求，但要求商家具备足够的资金实力；以虚拟现实购物、网络3D试衣间为代表的全新体验方式，由于受到技术因素的限制，在实际应用中仍然存在问题。相比之下，直播与电商的结合发展，则能够更好地对接消费者的需求：

（1）直播能够通过视频方式向用户进行产品或服务展示，相比于传统的图文传播方式，视频能够承载更多的信息。不仅如此，视频中的图片没有经过特殊加工与美化处理，能够将商品的真实形态呈现出来。

（2）在直播过程中，主持人能够为观众讲述产品的相关信息，在互动过程中满足用户的咨询需求。举例来说，通过线下渠道选购家具时，能够获得导购的专业指导，直播也能够为消费者提供这样的服务。

（3）在电视购物模式下，消费者只能被动接受营销者为其提供的信息，而在直播过程中，用户可以与主播进行双向互动，并与其他观众以弹幕方式进行沟通，在一定程度上满足消费者的社交需求。相比之下，传统的电视购物则无法提供类似的服务。

从消费者的角度来分析，借助直播方式获取商品信息，无疑要消耗大量时

第 7 章
网红电商：新零售时代的网红商业变现

间。但是，直播能够为其决策提供精准的参考信息，总体而言有助于提高其决策效率。另外，在传统模式下，消费者在购买大件商品时，同样需要付出大量时间成本。电商联合网红或偶像明星推出的直播，大大提高了购物的趣味性，而喜欢逛街的消费者也并不在意时间问题。

7.2.4 适合直播电商销售的产品有哪些

1. 难以亲临现场但需进行决策的产品

近几年，越来越多的跨境电商平台在直播领域展开布局，原因在于，消费者在选购海外商品时，难以到其他国家进行现场比对，但需要进行决策。直播则能够向目标消费者展示现场情况。

在旅游行业同样如此，消费者无法到现场进行体验，但需要制定决策，直播则能够解决这个问题，让消费者通过镜头将旅游地的景物尽收眼底。此外，在做投资决策时，用户仅通过股权众筹平台获取的信息比较有限，直播则能够将现场情况展现在用户眼前，为其提供更多的参考信息。

图 7-3 适合直播电商销售的产品

2. 重视过程消费的产品

纳芙夫人品牌创始人管恩杰说:"传统模式下,人们在消费时主要看重最终的结果。如今,过程消费逐渐流行起来,即人们开始关注产品的生产过程,并将其作为重要考量因素。比如消费者在购买蔬菜时,希望了解蔬菜的种植过程;在购买工艺品时,消费者希望了解其加工过程;在品尝菜肴时,消费者希望了解其烹饪过程等。直播的普遍应用,为人们的过程消费带来了便利。"

举例来说,厨师可直播其烹饪过程,向消费者展示食材选用、菜品制作全程,保证送到餐桌上的菜肴绝对安全、美味。另外,定制化生产模式快速崛起,个体创业者会进行长尾市场的开发,这类生产者可通过直播方式来提高自身的影响力,进而促进产品销售。

3. 对体验、导购要求较高的产品

在选购家具、房屋、汽车乃至化妆品时,消费者希望能够获取商品的全方位信息,并希望商家为其提供专业的导购服务,对其消费选择进行指导,直播方式能够满足用户的相关需求。

4. 以团购方式推出的产品

直播与电商的结合发展方式,能够营造出类似于团购的现场气氛。在具体运营过程中,"直播+电商"是在积累大规模用户的基础上,达到产品或服务销售的目的。从这个角度来说,传统模式下曾以团购方式取得不错成绩的产品,也可以通过直播电商方式开展运营。很多商家曾通过团购方式推出爆款产品。

如今,电商经营者联手直播平台,也能打造爆款。比如,团购网站聚划算邀请柳岩进行直播,向观众推荐没有关联的几件商品,直播开始5分钟,其观众数量就达到1万多人,整场直播的观看数量更是高达12万人。在柳岩介绍的几款

第 7 章
网红电商：新零售时代的网红商业变现

商品中，枣夹核桃的交易量达到 2 万件，转化率高出电商平均水平。除此之外，以限时特卖为特色的唯品会也在直播领域展开布局。

7.2.5 如何提升直播电商的营销转化率

火热的直播市场自然吸引了企业界的广泛关注，而摆在创业者与企业面前的问题是，如何抓住直播短暂的窗口期，从中获取高额的利润回报。很多品牌商将直播视作为低成本获取海量流量的有效方式，邀请明星主播举办各种直播活动，来对自身的产品及品牌进行传播推广。食品品牌楼兰蜜语邀请柳岩直播卖枣夹核桃，奶粉品牌惠氏和吴尊进行合作卖奶粉等案例，被营销从业者奉为经典。那么，为何"电商＋直播"具有如此之高的转化率呢？

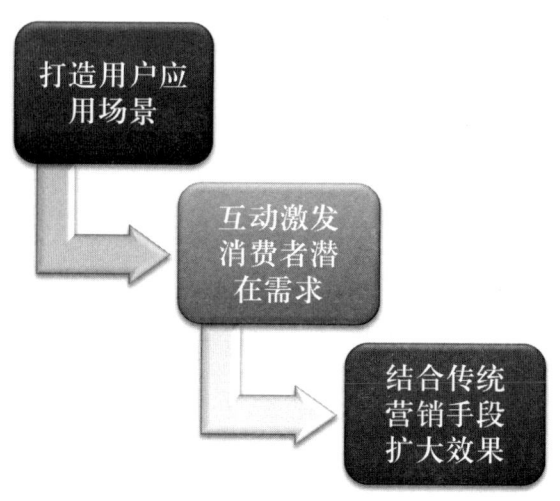

图 7-4　提升直播电商的营销转化率

1. 打造用户应用场景

电商的优势在于产品品类齐全，而且能够随时随地购买，而线下实体店的优势在于产品体验与售后服务。但在某种程度上，"直播＋电商"改变这了这种局面。

目前各大电商平台正在积极研发的 VR 购物，也是为了解决产品体验缺失的行业痛点，但受制于 VR 技术尚不成熟，VR 购物目前无法真正落地。

"直播+电商"则能够在一定程度上解决这些问题，商家可以通过丰富多元的应用场景来满足用户体验产品的需求。以服装产品为例，服装品牌商以直播的形式让身高、体型不同的模特来对产品进行全方位展示，从而帮助消费者找到真正满足自身需求的产品。尤其注重线下体验的家居产品亦是如此，家居品牌商可以用直播的形式，展示放置在各种不同风格房间中的家居产品，在提升用户体验的同时，也能够带动产品的整体销量。

2. 互动激发消费者潜在需求

事实上，谈起"直播+电商"模式，很多人会想起曾经十分火热的电视购物，表面上看二者有些相似，但它们却有着本质上的差异。和电视购物相比，"直播+电商"在时效性、社交性与互动性方面具有明显优势，消费者可以和主播进行交流互动，来进一步了解产品的详细信息。

而且在"直播+电商"模式中，消费者聚集在直播间内共同参与互动，能够产生类似线下购物过程中和亲朋好友一起购物的优良氛围，有助于激发消费者的购物欲望，让用户主动帮助自己进行传播推广。

3. 结合传统营销手段扩大效果

亲情购品牌创始人马庆宣先生说："以广州地区的一家服装品牌为例，该服装品牌通过和第三方服务商进行合作，开发了微信商城。当时由于微信的流量红利尚未消失，商城也保持着不错的成交额。但近两年来，微信的流量红利日渐消失，直播开始崛起，于是这家服装品牌商和映客的几位当红主播进行合作，邀请他们在直播时对产品进行推广。"

从统计数据来看，对普通商品进行直播，为微信商城带来的流量在 5 万人左右。一段时间后，营销人员对直播的营销策略进行了调整，推出"一元购"活动。主播在直播结束时，邀请观众前往微信商城参与该活动，消费者仅花费一元，就有机会得到主播推荐的套装产品。

对直播营销方案进行调整后，对商品进行直播，能够给微信商城的客流量可达 10 万人以上，在节假日期间，最高客流量甚至能够超过 15 万人。这种将"直播＋电商"与传统营销模式相结合的新玩法，极大地带动了商品的整体销量。

本质上，主播、产品、消费者作为"直播＋电商"的三大核心要素，直播的过程也是三者以特殊的场景进行互动的过程。而直播能否取得良好效果的关键是主播及营销方案，企业不仅要选择合适的主播，还要制定出有效的营销方案。

7.3 案例解读：如涵电商的实践启示

7.3.1 基于网红孵化器的电商销售平台

随着网红经济的发展成熟，越来越多的网红开始寻求变现之路。现阶段下，很多网红选择通过广告投放和电商化运营来挖掘粉丝用户的商业价值。下面，我们着重分析一下网红电商的发展。

从表层意思来分析，"网红电商"，就是网红与电商之间的结合。事实上，网红电商的运营包括前端与后端两部分。具体而言，前端是指网络红人在社交平台发布的产品推广、营销内容与商品链接，而用户通过链接进入的产品消费页面，构成网红电商的后端。

概括来说，网红电商的运营，是活跃在各类社交平台上的网络红人，利用自己在长期运营过程中积累的粉丝用户基础，在平台中发布商品推广信息与店铺链接，为淘宝平台的运营提供流量支持，进行用户商业价值的挖掘。

近年来，大批投资者将目光聚焦于快速发展的网红电商行业，创建于2012年12月的如涵电商以网红孵化为主。2016年11月，如涵控股获得阿里3亿元的投资，足以证明其蕴藏的巨大发展潜力。网红的优势在于，拥有流量基础，擅长与粉丝互动，在营销方面能够取得理想效果。其不足之处在于，很多网红的运营缺乏完善供应链的支撑。

如涵控股成为新三板挂牌公司之后，获得"新三板网红经济第一股"的名号。该企业以网红孵化为主导业务，聚焦于网红影响力的提升，通过平台运营形成完整的产品供应链，促使网红实现对粉丝商业价值的挖掘。

在具体运营过程中，企业与人气网红达成协议，在网红的运营、产品供应及经纪管理方面为其提供解决方案，并开展网红孵化业务，进行人才挖掘并将其培养成网红。在产品运营方面，企业在早期阶段以服装销售为主导，后期将延伸至零食、化妆品、鞋包、家居等诸多行业。

如涵电商主打中端产品，具有鲜明的个性化特点，符合当下的潮流趋势，主要面向18到35岁之间的女性消费者。如今，20岁左右的年轻人拥有自己的审美观念及价值追求，关注当下的潮流趋势，其消费能力也在不断提高，网红能够对其消费行为产生引导作用。这类消费者在网红的粉丝群体中占据重要地位。

从全局性角度来分析，如涵控股通过与网红签约，并进行网红孵化，借助网红的力量实现流量的获取与积累，企业则承担供应链方面的工作，对网红运营提供支持与帮助，两者之间相互配合，能够形成成熟而稳定的发展状态。

7.3.2 实践路径：如涵电商的运营策略

1. 网红孵化

针对红人的挖掘、审核、孵化，网红的内容运营及粉丝积累、影响力打造等各个环节，公司都制定了相应的流程。另一方面，公司依据网红的风格及其内容输出，为网红提供与之相符的变现方案，为网红在后期的营销推广提供支持。

2. 销售与分工

在公司整体运营过程中，不同参与者的优势各不相同。网红群体的优势在于，能够凭借自身影响力实现粉丝用户的积累，对用户行为进行引导。如涵控股则为其提供产品与技术支持，其优势主要体现在供应链服务、网红日常管理及运营、电商运营方面。网红与公司运营的结合，能够充分发挥各自的优势。

3. 柔性供应链体系

怡兰芬少女内衣创始人柯庆海先生说："强化对供应链的控制作用。在传统模式下，服装行业的运营由上游产业链与下游产业链共同组成，位于不同环节的企业之间缺乏有效的沟通交流，导致产品供应不及时或货物囤积问题的出现，如今，企业将打造柔性供应链体系，完善商品的库存管理，加快资金周转。"

在传统模式下，服装行业的供应链包括三部分：面料供应企业、服装工厂及服装公司。其中，按照运营模式的不同，服装公司又可划分成两类：一类公司将生产与设计工作都交给第三方企业，自己负责市场营销；还有一类将生产环节交给合作企业，自己负责设计。服装工厂负责服装面料及辅料的引进，并承担加工任务。在与服装工厂合作的过程中，服装公司可根据自身情况，选择将面料及辅料、加工所需费用交给服装工厂，由对方负责全部事宜，或者是公司为其提供面料与辅料，由对方负责加工。

如涵控股由公司本身进行面料及辅料的选择与引进,把加工任务交给第三方企业,以小批量生产加工为主,在完善库存管理的同时,还能为网红运营提供及时的产品供应。

4.品牌化经营

再来分析一下化妆品行业,如果公司与品牌方达成合作关系,能够在产品供应及销售方面获得支持,其运营方式就类似于"品牌代销"。在营销推广过程中,公司可以借助网红的力量向粉丝用户推荐符合其需求的产品,在提高产品销量的同时,还能树立品牌的良好形象。

5.数据化策略

通过对粉丝属性、偏好、消费特征及习惯等进行数据化描述,能够为自身的产品定位、营销方式选择等提供准确的参考信息。另外,可以对网红与粉丝的互动过程进行分析,对其沟通的顺畅度、用户认可度、转化效果等数据进行提取,为网红的运营提供有效指导。

尽管网红经济模式在实施过程中存在许多优势,网红与电商的结合发展也吸引了众多目光,但经营者在抓住机会的同时,也要承担相应的风险。

7.3.3 风险防范:电商运营注意的问题

(1)公司通过网红获取流量,但粉丝对网红的依附性较强,当网红转向其他平台,粉丝也会随之迁移。虽然网红需要依靠公司支持开展运营,但随着网红影响力的持续提高,他们可能寻求独立发展,也可能转向待遇更高的公司,给网红电商的发展带来不利影响。

(2)网红电商的发展容易遭遇瓶颈。在网红电商运营过程中,主要靠网红为

第 7 章
网红电商：新零售时代的网红商业变现

电商化运营提供流量基础，通过产品销售获得利润。尽管这种运营方式能够降低流量获取方面的成本消耗，但随着网红成本日益提高，再加上用户转化率的变动性较大，公司也难以持续获得高利润。

（3）公司发展面临激烈的竞争。随着网红电商的迅速发展，该领域吸引了许多创业者的加入。另外，上市公司也在网红电商领域展开布局。有业内人士认为，网红电商相当于电商代运营公司，目前，有些上市企业已经开展了电商代运营业务，并取得了不错的成绩。未来，很多企业将走向网红电商之路，进一步加剧市场竞争的激烈程度。

从中能够看出，在网红电商发展过程中，既要在网红运营与电商化运营之间找到合适的连接点，还要强化对核心内容的把控，注重品牌的拓展及影响力的提高。另外，公司应该实施合理的投资策略，达到分散风险的目的。在具体运营过程中需要注意以下问题：

★企业在与网红合作过程中，要明确双方的利益分配，用自身品牌取代早期网红的中心地位，并据此开展各项运营。

★注重网红孵化，通过自身运营为更多网红提供支持，借助网红的力量进行持续性的流量获取与积累。

★向多个领域进行拓展。除了传统的服装、化妆品行业之外，还可以着眼于美食、旅游、母婴等行业的开发，将网红经济模式的应用逐渐向外延伸。

★在出售定向产品的同时，公司应该切实把握粉丝群体的需求，并完善自身服务体系，提高产品的价值含量。

第8章

新零售背景下,沃尔玛的零售进阶之路

8.1 转型变革：沃尔玛的新零售发展路径

8.1.1 互联网商业时代的沃尔玛变革

在颠覆性创新层出不穷的互联网商业时代，那些看似强悍的传统巨头却更显脆弱，常常成为被颠覆的主要对象。互联网电商的快速崛起和成熟对传统零售实体造成了极大冲击，作为全球零售巨头的沃尔玛自然是首当其冲。

高云老师说："沃尔玛并没有'束手就擒'，而是通过不断的自我变革应对互联网时代的巨大挑战。从近些年的战略动作来看，沃尔玛有三大经营模式变革尤其引人关注。"

1. 变革一：轻资产的"专业零售商"涉足商业地产

沃尔玛为了保持轻资产的"专业零售商"定位，规避海外地区的政策风险，基本上不会在美国以外的地区持有物业。在1996年年初入中国市场时，沃尔玛主要是入驻万达、深国投等专业地产公司开发的商业中心；同时，这些地产公司为了借助沃尔玛的知名度顺利拿地并吸引更多商户入驻，在租金方面也给了沃尔玛足够的优惠。

不过，随着永辉超市、华润万家等本土零售商的快速崛起，以及家乐福、大润发等其他零售连锁巨头在中国市场的不断布局，沃尔玛面临着更加激烈的竞争；同时，由于成熟的购物中心已不愁优质商户入驻，地产企业对沃尔玛的依赖性大幅下降，从而导致其无法继续获得低租金的优惠。

快速攀升的租金成本是沃尔玛涉足商业地产的重要原因，同时我国商业地产的投资回报率也远高于零售业。因此，跨界商业地产是沃尔玛应对零售行业持续低迷、优化盈利结构、为企业注入新的发展活力的必然选择。

2. 变革二：互联网思维下的战略练兵

互联网颠覆浪潮下的沃尔玛也正经历着深刻的自我变革。在对待互联网的态度上，沃尔玛与很多传统企业一样表现出极度的矛盾性：几乎所有的沃尔玛高管在对外表态时都表示电商无法对公司造成太大威胁，然而在公司内部又不得不将电商作为重要的竞争对手去研究。

随着自身电商战略的深化拓展和布局，沃尔玛提出了打造全美最大网络零售商的目标，借助大量的资本输出和持续的战略升级不断追赶线上零售巨头亚马逊。

3. 变革三：从超市大卖场延伸至山姆会员店

沃尔玛的快捷便利店主要开设在不适合建立大型沃尔玛超市的中小城市，目的是为了独占区域市场。不过，随着多种线下业态的不断扩张，沃尔玛的资源已变得越来越分散。正如沃尔玛总裁兼首席执行官董明伦对投资者提到的，当前沃尔玛的业务过于庞大和分散，需要通过重新评估、整合店铺资产，构建一种有纪律、有秩序的高效管理模式。

沃尔玛对山姆会员店模式十分重视，认为会员店的形式更容易进行线上、线下的有机融合，实现线下实体零售与公司全球电商战略的有效对接。在沃尔玛的业态组合中，山姆会员店模式无可替代，成为互联网时代沃尔玛在商业市场中的"杀手锏"；另一方面，沃尔玛还通过对购物中心业态的调整优化进一步增强自身的核心优势。

在大规模闭店的同时，沃尔玛将新店的布局区域瞄向三、四线城市。在北、上、广等一线城市，沃尔玛不仅面临着电商的巨大冲击，而且各类专业性的精品超市也与沃尔玛形成了激烈竞争，且更具优势；与此不同，二、三线城市中连锁卖场、中档超市、社区超市、便利店等零售业态近些年发展迅猛，对大型商超需求巨大。

因此，沃尔玛将大卖场业态的布局重心下沉到三、四线城市，既可以避开租金不断攀升、竞争愈发激烈的一线城市中心区域，又可以借助三、四线城市更低的开店成本，继续发挥自身在价格方面的天然优势。

8.1.2 电商冲击下的沃尔玛应对策略

随着电商行业的崛起，曾经无限辉煌的沃尔玛也差点葬身于阿里巴巴和亚马逊的电商巨头的猛烈进攻下。面临电商的竞争，沃尔玛要挽回之前的败局，就要进军电商领域。

1. 对待电商，从纠结矛盾到全力推进

自电商行业兴起以来，沃尔玛对互联网的态度并不明确，甚至有些自相矛盾。一方面，沃尔玛的管理层人员并不认为电商能够给沃尔玛的发展带来压力；另一方面，沃尔玛将电商平台作为竞争者，积极分析其发展情况。

随着电商行业的快速发展，沃尔玛切身实地地感受到了电商发展带来的压力。进入2011年后，沃尔玛充分认识到电商发展的重要性，并不断加大在这个领域的投资力度。

沃尔玛于2010年建立全球电商总部，将电商业务的发展放到战略地位。当年，沃尔玛山姆会员店的线上业务正式开通。翌年，该企业建立沃尔玛董事会科技与电子商务委员会。经过一系列的部署，其线上销售取得显著成效，相比于2005年的16亿美元，沃尔玛到2011年时的线上销售额增加了26亿美元。

沃尔玛于 2011 年 6 月在中国推出电子商务,一年后,沃尔玛拿下 1 号店 51% 的股份,该企业于 2014 年推出移动客户端——山姆 APP,一年之后,沃尔玛在深圳推出大卖场 O2O 服务平台"速购"。经过数年的发展,沃尔玛的销售额也有所提高,与 2013 年的 10.03 亿美元相比,2014 年,其销售额提高了 2.1 亿美元,涨幅超过 20%。

沃尔玛将 1 号店收入囊中,表明该企业在中国电商领域的发展由前期试探转为正式出击。尽管在整个发展过程中,沃尔玛先后经历了 1 号店创始人于刚离职及市场份额回跌的不利影响,但沃尔玛中国要想获得长远发展,必须尽快转型,因此,该企业全资收购 1 号店,并实现资源整合势在必行。

沃尔玛曾致力于成长为美国首屈一指的零售企业,为了能够超过亚马逊,企业加大了对电商领域的投资,将电商业务的发展纳入整体战略规划。在 2013 年到 2015 年间,沃尔玛总共并购 12 家电商企业,到 2015 年时,沃尔玛在电商领域与数字化建设方面的投资已经达到 10 亿美元,该企业计划在 2016 年在原有基础上再增加 2 亿到 5 亿美元的投资。

与此同时,沃尔玛的首席执行官麦克米伦做出决策,沃尔玛在 2016 年拿出 9 亿美元用于电商领域的发展,2017 年,企业再次加大投资力度,拿出 11 亿美元用于电商业务的运营。

2. 结合全球电商战略,推山姆会员店

2016 年年初,沃尔玛分布在世界各地的 269 家门店停止运营,企业将更多的精力放在山姆会员店的建设方面。

沃尔玛认为,山姆会员店更加适合互联网时代的发展需求,能够推动线上、线下的一体化发展,同时,会员制度能够有效促进沃尔玛全球电商战略的实行。

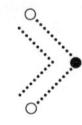

另一方面，沃尔玛于 2016 年至 2018 年间，在中国增设 20 家山姆会员店。

在沃尔玛的所有形态中，山姆店的优势尤为突出，将该运营模式作为主力来打造，能够更加突出沃尔玛的竞争实力。

3. 下沉三、四线城市，躲避电商冲击

近年来，我国经济发展水平较高的一、二线城市纷纷涌现各类电商平台，竞争激烈，沃尔玛绕开这些主战场，将目标定位于三、四线城市。经济发展水平日益提高的城市或城镇同样需要大型零售企业的支持，而且在这些城市开店，能够有效控制成本消耗，沃尔玛可充分发挥其低价优势。

8.1.3 沃尔玛如何玩转全渠道 O2O

近年来，移动互联网及 O2O 模式迅速崛起，很多传统零售企业也加入改革大军中。在国内，采用 O2O 运营模式的代表性例子有美特斯邦威、步步高超市等企业，海外企业也不乏典型案例，如沃尔玛、7-Eleven 便利店、乐购等大型零售企业都纷纷试水 O2O 模式，并在实践过程中初见成效。其中，沃尔玛就是在互联网 O2O 运用方面取得突出成就的代表性企业。

沃尔玛作为世界级连锁零售企业，在长期发展过程中，不断进行模式创新，并站在传统零售业发展的先锋位置，通过分析沃尔玛的改革历程及未来走向，能够对零售行业的整体趋势有所把握。

除了在全球化布局、供应链完善、信息系统打造方面取得不菲成绩之外，沃尔玛在电商业务方面也具有敏锐的洞察力，该企业自 1996 年开始运营网店，如今还在利用移动互联网，努力实现线上、线下的一体化运营。

沃尔玛在电商领域的发展可分为如下三个时期：

第8章
新零售背景下，沃尔玛的零售进阶之路

1. 第一阶段：独立运营期

沃尔玛的网上商城walmart.com于1996年开始投入运营，在早期发展阶段，walmart.com并未在企业销售方面起到明显的推动作用，只是提高了沃尔玛的声誉，消费者无法在网络渠道享受高质量服务，所以，沃尔玛在线商城在初始阶段的发展并未取得理想效果。

之后，沃尔玛推出在电商领域发展的总体规划，在网上业务运营方面投入更多精力及资源。该企业优化了walmart.com的布局，能够服务于距离市中心及沃尔玛实体店较远的消费者，满足其在网购、订单查询、售后服务等方面的需求。

沃尔玛的线上服务得到消费者一致好评，随着发展，沃尔玛网上商城经营的产品品类也更加丰富。如今，沃尔玛的线上业务已经在全球11个国家开展，加上沃尔玛建设了完善的供应链体系，分布在全球各个国家的消费者都能够体验沃尔玛的线上服务。

从某种程度上来说，沃尔玛网上商城的开通，确实能够缓解线下门店的地域限制，还能为消费者提供更加丰富的产品，但以传统门店为参照，网上商城发挥的实际作用十分有限。在这个时期，电商行业的发展尚未成熟，没有形成规模效应，沃尔玛也未因此面临巨大压力。所以，当时沃尔玛总部没有将太多精力放在网上商城的发展上，占据主导地位的仍然是传统门店，电商渠道仅发挥了部分辅助作用，在很长一段时间内，沃尔玛的实体店与网上业务的运营是分隔开来的。虽然沃尔玛B2C业务在依托以往的采购及存储系统的同时，也搭建了专门的采购系统，但其线上零售与实体零售的运营并未结合起来，无论是营销、配送、还是会员维持，都是独立进行的。

2. 第二阶段：互动时期

在这个阶段，在线零售业务得到进一步发展，以亚马逊为代表的电商平台采

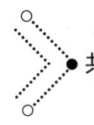

取价格战,同传统零售展开市场争夺,逐渐崛起的电商平台使沃尔玛的发展面临严峻挑战。

沃尔玛在这个时期提高了对电商发展的重视程度,并采取应对措施,建成全球电子商务部门 Global.com,想依托线下资源优势推动网上商城的发展,通过改革传统发展模式来应对来自线上零售商的挑战。

沃尔玛经过一段时间的探索,开辟出能够将实体零售与线上业务相结合的运营模式,即线上订购与门店自取合二为一。在具体实施过程中,沃尔玛先后推出 site to store 与 pick up today 服务。通过 site to store,消费者可在线上平台下单,然后到周边地区的沃尔玛零售店取货。这项服务受到众多消费者的追捧,由于能够节省运费,有 1/2 以上的顾客受到吸引,参与到沃尔玛网购当中,据悉,site to store 服务项目仅运营了四个月,通过该项目完成的线上销售占据总体的 1/3。

沃尔玛对该项目进行优化,以 pick up today 的形式推出,进一步完善了物流体系,实现了线上运营及实体店产品管理体系之间的对接,消费者在线上下单后,当天就能到附近零售店取货,满足消费者在时间方面的要求。通过线上线下的结合运营,沃尔玛的消费者规模及产品销量大幅增加。

3. 第三阶段:线上线下深度融合

如今,沃尔玛在电商领域已迎来新的发展时期,移动互联网与智能终端的应用得到普及,与此同时,线上支付功能、移动定位功能的推出,使传统零售企业面临转型,沃尔玛作为零售巨头,也尝试发挥自己的资源优势,实现线上与线下运营之间的深度融合。沃尔玛借助移动互联网,将实体零售与线上渠道打通,并注重改善自身服务,提升用户体验,帮助消费者节省购物所需的时间与精力,围绕移动终端的应用,实现其物流、服务体系的对接。

第8章
新零售背景下,沃尔玛的零售进阶之路

在具体实施过程中,沃尔玛采取了如下发展措施:

(1)推出创新性移动应用,简化消费流程

沃尔玛于2011年以3亿美元的价格将社交网站Kosmix收入囊中,建造WalmartLabs实验室,在把握顾客消费习惯的基础上,推出新型移动应用,用来加强消费者与线下门店的联系,并进行持续性的优化与升级,通过推出新型移动应用,推动沃尔玛线上线下一体化运营的发展,并对顾客的消费行为起到引导作用。在这方面,沃尔玛的独特成就体现为以下几点:

① 店内商品导航:依托移动地图的定位功能,沃尔玛的移动端应用在顾客光顾其实体零售店时,能够转换为"店内模式",帮助顾客了解店内的商品陈列、推动优惠信息,并提供自助付款服务。数据统计显示,对"店内模式"使用频率较高的用户占据总体的六成以上,通常情况下,这批用户的一次性消费数额更高,与此同时,该模式的应用能够有效增加消费者与零售店之间的联系紧密度,允许顾客根据自身需求查询商品内容,了解优惠活动等,简化其消费流程,刺激用户的购买欲望。

② 添加购物搜索引擎功能:沃尔玛积极学习电商经营的优秀经验,在移动应用中添置商品搜索功能,消费者可利用该功能查找沃尔玛的线上商品,到实体店光顾的用户,还能查找店中的商品,与店内的资源计划系统(ERP)相对接,用户只需键入商品名称,就能查询到商品的具体位置、品牌标注,还能利用移动地图功能进行实地导航,使消费者能够迅速找到自己所需的商品,完成购物。

③ 自助支付系统:沃尔玛通过运用Scan&Go软件为用户提供自助结账服务,通常情况下,那些提前制定购物预算的消费者会选择这项服务。用户在沃尔玛实体店购物时,可以用Scan&Go软件识别产品的条形码,计算其购物花费,接下来,用户可到自助付款台完成支付,不必排队等待人工结账。

④储物柜系统：出于提升消费者购物体验的目的，沃尔玛实施"零售储物柜计划"，消费者在线上平台下单后，其产品将被服务人员放在零售店的储物柜里，自下单之日起的14天内，消费者可以到沃尔玛线下零售店，拿走自己购买的商品。

（2）线上及线下之间相互配合，进一步提升用户体验

出于增加销售的目的，沃尔玛在利用移动应用简化消费流程的同时，通过社交平台进行信息传递，并发挥售货员的营销作用，助力于线上业务的开展及线下零售。

利用App提高营销的针对性：在顾客进店消费时，可在App上查看该店正在举办的优惠活动以及参加活动的商品，还能对商品扫码，查看该产品在沃尔玛网上商城的销售情况，供用户在两种渠道中自由选择，进一步提升用户体验。数据统计结果显示，消费者在店内使用沃尔玛App完成的网上销售额，在总体线上销售中的比重高达12个百分点。

无限货架(endlessaisle)：如果现场用户在实体店找不到自己所需的商品，店内的服务人员会引导用户到沃尔玛网上商城选购，为了实现线上、线下之间的配合，企业会把消费者通过线上渠道完成的消费额列入周边实体店的财报统计结果里。这么做能够避免实体店与沃尔玛线上渠道之间的市场争夺，使实体店员工得到更多奖励。除了沃尔玛之外，苏宁易购也是该模式的实践代表，如果顾客在实体店找不到自己所需的产品，导购员会引导顾客去苏宁易购进行消费，实体店及该员工也会通过这种方式获得一定比例的报酬。

8.1.4 基于大数据算法的个性化零售

沃尔玛能成为全球最大的零售商，离不开规模效应的支持。沃尔玛拥有规模

第 8 章
新零售背景下,沃尔玛的零售进阶之路

庞大的消费群体、产品及技术,在大数据的支持下,沃尔玛对日成交订单进行追踪分析,对库存进行有效管理,根据市场变化及时调整营销策略,从而促使其竞争力得以有效提升。对市场变化的反应速度越快,所能获取的利润就越大。仅从美国的 4 300 家分店中,沃尔玛就可获得 3 600 万美元/天的收益,这一切都与大数据密切相关。

在零售领域,沃尔玛是最早引进并使用大数据技术的公司。在人们对大数据这一概念还比较陌生的时候,沃尔玛就开始扩展 Hadoop 集群、对网站数据库进行整合迁移了,还为此收购了很多数据挖掘方面的公司,如 Kosmix、OneOps、Tasty Labs、Inkiru 等。

2012 年,沃尔玛开始进行 Hadoop 集群的扩展工作,将原来 10 个节点的 Hadoop 集群扩展到了 250 个节点,以对十个不同的网站进行整合生成一个网站,从而将所有的非结构化数据收集到一个 Hadoop 集群中。以此为界,沃尔玛在大数据分析和电子商务技术方面的研究开始快速前进。

为了提升大数据性能,沃尔玛收购了一个初创公司——Inkiru。Inkiru 拥有一个整合了机器学习技术的预测分析平台,该预测分析平台能获取各种数据源,对数据进行精确分析,将其与各种集成的数据源相融合,从而有针对性地帮助沃尔玛公司开展市场营销、产品销售等工作,提升反欺诈工作的有效性,增强沃尔玛的个性等等。

沃尔玛拥有一个大数据生态系统,该系统的规模非常庞大,日处理新数据达 TB 级,日处理历史数据达 PB 级;该系统分析的产品数据达百万级,客户数据达亿级,这些客户数据的来源都有很大差异。另外,沃尔玛的数据分析系统每天还要对近 1 亿的关键词进行分析、优化、整合,以精确与之对应的搜索结果。

借助大数据技术,沃尔玛的销售决策得以优化,降低了重复销售情况的发生率,使在线销售金额增长了10%～15%,销售额增加了10亿美元。此外,沃尔玛还利用大数据改变了产品的销售量,加快了其对市场变化的反应速度。比如,利用节省捕手这款融合了Hadoop数据的应用,当竞争对手降低了与沃尔玛已售出产品相同的产品价格时,该应用就会对用户发出提醒,并向用户发放一张礼券来补偿差价。借助这种方法,用户的满意度和忠诚度能以有效提升,消除了顾客购物的后顾之忧,增加了产品销量。

另外,融合了Hadoop的沃尔玛地图应用程序,能够对全球沃尔玛商店的地图进行维护更新,这些地图为消费者购物带来了极大的方便,即便消费者要购买一块肥皂,地图也能精确地标出肥皂的位置。

沃尔玛拥有强大的数据整合能力,能通过数据挖掘发现合适的销售模式。这种模式可以说是一种自动商品推荐模式,在消费者购买了某些商品之后,会自动向消费者推荐一些搭配商品,以增加产品销量。借助这一方法,沃尔玛的客户转化率得以大幅提升。

沃尔玛应用数据挖掘技术的案例分析:

在学习了关联规则之后,沃尔玛发现,在飓风到来之前,草莓果的销量大幅增长,有7倍之多。利用数据挖掘技术,沃尔玛明确了飓风与草莓果之间的关系,在飓风到来之前,商场内所有的草莓果都完成了签单。为了做到这一点,沃尔玛对每个消费者都进行了跟踪分析。在美国市场上,沃尔玛掌握的客户数据达1.45亿,这个数字在美国成年人中大概占3/5。

沃尔玛利用商场Wi-Fi对客户的基本信息进行收集,比如客户地址、产品偏好、购买的商品等等。并对其在沃尔玛网上商城的点击行为,线上、线下购买产品的差异性,当地活动、天气状况对消费者购买行为的影响进行分析等等。通过一系列分析，沃尔玛发现了飓风与草莓果之间的关系，从而制定了有效的销售策略。

由此可见，利用大数据算法能够对数据进行收集、分析，对有意义的数据进行识别，从而带给用户个性化的购物体验。

（1）推出新产品

利用社交媒体数据，沃尔玛能挖掘出很多热门产品，并能在最短的时间内推出这些热门产品，将其放到沃尔玛的商店中。比如，通过对社交媒体数据的分析，沃尔玛发现了一个热搜词汇"手工蒸蛋糕"。沃尔玛对此做出了快速反应，在最短的时间内将"手工蒸蛋糕"这个产品推向了市场，在全球的沃尔玛商场中上架销售。

（2）更佳预测分析技术

在数据分析的作用下，沃尔玛的送货政策得以优化。借助预测分析技术，沃尔玛将在线订单免费送货的金额下限提高了，从 45 美元起送提升到了 50 美元起送。为了保证顾客体验不因这一调整而下降，沃尔玛推出了几款新产品。

（3）个性化定制建议

沃尔玛根据用户历史购买记录，利用大数据算法对用户的购买行为进行分析，对其提供专业化的购买意见，以提升用户的购物体验。这种方法与谷歌的定制广告有异曲同工之处，所产生的效果也非常相似。

8.1.5 沃尔玛的社交大数据解决方案

社交媒体产生的数据数量巨大，达 PB 级，并且不规范、结构散乱、不符合语法。因此，对社交媒体数据进行挖掘、分析，将其映射到相关产品上，对于沃尔玛的工作人员来说非常困难。但是，在沃尔玛的首席工程师 Walmart Labs 看来，通过对社交媒体数据进行分析来挖掘其中潜在的零售信息是一件非常刺激的事情。

沃尔玛很多决策都是在分析社交媒体数据的基础上形成的，这些数据大多来自 Facebook、Pinterest、Twitter、LinkedIn 等社交媒体，沃尔玛实验室通过对这些社交媒体数据进行分析从而生成零售建议，指导产品销售。

为了更好地利用社交媒体大数据，沃尔玛还开办了社交媒体众包竞赛，该比赛在全美引起了轰动，吸引的条目数量高达 5 000 个，获得的选票多达 100 万张。在这场比赛中，任何一名参与者都能将其产品推向客户，被客户推选出来的最好的产品就是这场比赛的冠军，可以在沃尔玛商店销售。通过这场比赛，沃尔玛帮助众多企业的产品实现了上架销售。

沃尔玛社交媒体分析项目的运营基础是 600 亿个社交文档中的可查找索引，借助该项目，沃尔玛能够实现对流行热点的实时监控，能对过去的趋势进行追踪调查，还能对社会情绪及热点的地理差异进行有效分析。另外，该项目中的某些工具还能产生关联性。比如，对沃尔玛网上商城中的婚姻搜索趋势、实体店中的产品销售趋势、某地区的社会热点趋势进行分析与整合，将其与能够产生关联性关系的工具结合在一起，就能拥有强大的社会洞察力，为商场应对市场变化提供指导。

德勤调查结果显示。在 2016 年年底，受移动端的影响，沃尔玛实体店铺的销售额达 7 000 亿美元。据了解，在沃尔玛的客户中，有超过 50% 的客户都是智能手机用户，其中成年人占比 35%，近 75% 的客户基础是成年人。对于沃尔玛来说，移动电话客户非常重要。在智能手机用户群体中，大多数用户都有出行需求，相较于实体店的消费数额来说，出行支出的移动消费数额要高 77%。因此，

第 8 章
新零售背景下，沃尔玛的零售进阶之路

在沃尔玛的年销售总量中，手机用户的购买量占 1/3，在节假日期间，这个占比可达 40%。

在沃尔玛的副总裁托马斯看来，电子商务和移动购买之间的关系非常密切。沃尔玛推行移动战略，利用大数据提升顾客的购物体验，这种战略看起来非常简单，但却具有冒险性质。沃尔玛希望能够借助移动工具，为消费者打造一种随时随地都能购物的消费模式，并希望能借此给用户带来个性化的购物体验，以提升沃尔玛的市场竞争力。

利用大数据分析技术，沃尔玛还使移动应用的预测能力得以大幅提升。以客户每周购买数据的分析为基础，移动应用程序能自动生成一个购物清单，这个购物清单能精确地显示出商品位置。除此之外，该应用还能主动为顾客推送沃尔玛网上商城的产品折扣信息，以激发消费者的购买欲望，刺激消费。

除此之外，利用大数据分析技术，沃尔玛还能实现实时分析。沃尔玛的移动应用程序中有一个"地理围栏功能"，利用这一功能，客户一进入沃尔玛商店，移动应用程序就会提醒用户进入"商店模式"。在商店模式下，用户能够扫描到折扣产品及想要购买的产品，使购物变得更加便捷、简单、有趣，还能帮助用户节省购物成本。

大数据的增长速度非常快，随着时间的流逝，沃尔玛每天需要处理的数据越来越多，多达 40PB。在这种情况下，大数据人才的缺失就成了关键制约因素。在大数据人才有限的情况下，为了克服这一障碍，保持其在大数据分析方面的优势，沃尔玛采取了一系列措施。比如，当大数据分析团队有新人加入时，这个新人必须参加分析旋转程序等。

另外，沃尔玛正在极力招募大数据分析领域、机器学习模式构建领域的专家和数据科学家。为了招募这些人才，沃尔玛必须扩大其知名度，为此沃尔玛在其

招聘活动中附加了"lovedata"标签,以引起更多大数据领域的专家和科学家的注意,吸引其进入。

近年来,沃尔玛在解决大数据人才缺乏问题方面付出了很多努力。沃尔玛于2014年举办了一场名为"Kaggle"的比赛,在这场比赛中,沃尔玛向参赛的专业人士推送了某分店的历史销售数据及促销信息,让参赛者根据这些信息和数据建模以对促销活动对各区域的影响进行分析。通过这次比赛,沃尔玛找到了一批合适的大数据分析人才。

8.2 沃尔玛 & 京东:结盟背后的意图与野心

8.2.1 沃尔玛与京东战略合作的解读

2016年10月,京东宣布与沃尔玛的合作进入全面发展阶段。一个是中国实力雄厚的电商,一个是世界零售业的霸主,这两个企业的联合非常令人瞩目,具有重要意义。这个意义无关乎两个企业的合作能否取得应有的效果,而在于这两个企业的联合能让我们更好地透析他们接下来的发展战略以及电商与传统零售业未来的发展趋向。

京东与沃尔玛的合作最初是以京东收购1号店为引被曝光的,即便在此之后京东正式宣布与沃尔玛达成全面合作协议,仍有媒体以"京东收购1号店"为标题对整个事件进行报道。事实上,在整个事件中1号店不是主角,其背后隐含的信息是沃尔玛战略入股京东,当然,也可以说是京东引入沃尔玛作为战略投资方,1号店只是一个附属品而已。

在互联网行业,两个实力雄厚的企业共襄盛举之事非常常见,但是一个实力雄厚的企业与一个实力较差的企业联合共谋发展的可能性却接近于零。

第 8 章
新零售背景下，沃尔玛的零售进阶之路

因为就商业模式而言，1号店、易迅与京东非常相似，即便1号店在华东、华南市场上举足轻重，拥有百万级的活跃用户，交易额也能达到上百亿，但这些全部能转接到京东体系之中。如果京东能将1号店的用户全部引流到京东平台上来，借助品类丰富的商品与优质的服务，京东平台的收益将大幅提升。在京东这种综合性的电商平台上，即便是1分钱的投入也能产生极好的效果。

另外，京东与沃尔玛合作协议中的一项条款也能为上述猜测提供证明。协议规定：1号商城的主资产（包括"1号店"的品牌、网站、App）全部归京东所有，自营业务继续由沃尔玛经营。这个做法与京东接手易迅时的做法非常相似。品牌、用户、第三方商家资源等对于1号店来说最重要的资产全部交给了京东，而那些与京东业务相似且亏损的自营业务则继续由沃尔玛负责，这些自营业务最终的结局无外乎被沃尔玛抛弃。因为，沃尔玛已经将这些自营业务的载体交给了京东。

总而言之，无论从哪个角度来看，京东与沃尔玛的合作都非常类似于京东与腾讯的合作。对于京东来说，1号店只是其与沃尔玛合作的附属品，它重视的是接下来与沃尔玛的合作。至于1号店，很有可能步易迅、拍拍网等平台的后尘，在B2C市场上逐渐消失。

关于京东积极推进与沃尔玛的合作，业内有两种观点。

观点一：京东为提振股价才积极推动这次交易。虽然京东承受着股价方面的压力，但为了提振股价而积极促成与沃尔玛的交易，这种说法实难苟同。投资大师格雷厄姆曾言，从短期来看，市场是一台投票机，但从长期来看，市场则是一台称重机。作为一个企业的领头人，刘强东一定明白这样的道理：操心业务，莫操心股价。所以，京东为提振股价而推进交易的说法是不通的。

观点二：京东积极推进与沃尔玛的合作是为了应对阿里巴巴与苏宁的结盟。

2015年8月，阿里巴巴与苏宁达成合作协议，形成战略共同体，对京东造成了直接冲击。所以，有业内人士认为京东与沃尔玛的合作是为了应对阿里巴巴与苏宁的联合。

实则不然，阿里巴巴与苏宁合作的目的是为了应对京东3C家电业务给阿里巴巴核心业务造成的影响，与苏宁结盟，牵制京东。而京东与沃尔玛联合的目的则是对新业务进行布局，对未来的发展战略进行规划，虽然在这个过程中会对阿里巴巴造成影响，但从这两场结盟的起因来看，这种观点也是不成立的。

8.2.2 从两者联姻看京东的战略布局

中国电商领域的领军企业与世界零售业霸主的合作不会将目光局限在提振股价、结盟打架这种低级的事情上。更何况，这次合作受到了双方最高层领导的绝对重视，京东的刘强东、黄宣德，沃尔玛的董明伦亲赴谈判桌就合作细节进行商议。所以，京东与沃尔玛联盟必在筹谋大事。

京东与沃尔玛的合作彰显了京东布局生鲜、杂货等高频商品领域的决心。在国内实物电商领域，生鲜、杂货属于战略性品类商品，有广阔的市场空间，是仅存的蓝海市场。其原因有二，第一，生鲜、杂货拥有广阔的电商市场；第二，生鲜、杂货属于日常消费品，无论是用户黏度，还是用户忠诚度，都非常高。一旦京东能在这个领域扎根，就能与消费者产生更多接触，就能更好地推动其他品类产品消费，也就是以高频打低频。

京东最初的核心业务就是经营3C类商品，所以，一直以来，3C类商品都在京东全品类商品中占据绝对地位。但3C类商品有很多明显的劣势，比如消费频次低、毛利率低、用户黏性低等等。

因此，在上市以来，京东都在致力于"去3C化"，降低3C类商品的比重，

第 8 章
新零售背景下，沃尔玛的零售进阶之路

增加其他品类商品的数量。经过多番努力，京东的"去 3C 化"策略初显成效，3C 类商品比重有所下降，其他商品的比重有所提升，用户消费频率也有所增长，但相较于淘宝来说还有很大差距。

在实物电商领域，京东要想去 3C 化，提升用户购物频次，可从两大品类商品入手，一是服装鞋帽类商品，一是生鲜杂货类商品。前者是淘宝、天猫平台的主营商品，且这两个平台在该品类商品经营方面拥有绝对优势，京东虽然在该品类商品经营方面取得了一些成绩，却难以动摇淘宝、天猫在该品类商品经营方面的地位，更难以与其竞争。

至于后者，现阶段，生鲜、杂货类商品的线下消费占据绝对比重，在电商化方面，淘宝与京东起点基本相同，差距不大。京东要想实现去 3C 化，提升用户下单频次，对抗阿里巴巴，就只能从生鲜、杂货类商品入手。

所以，对于京东来说，生鲜、杂货类商品属于战略性商品。也正因如此，京东才在这方面不计成本地投入，先是以 43 亿入股永辉超市，与达达合并，后又积极与沃尔玛达成合作，将其作为战略投资方。所以，从这个层面来看，京东与沃尔玛的合作就是京东在生鲜、杂货领域的又一次重大投入。

在布局生鲜、杂货类商品方面，京东采取了两条并行策略，体现了其与沃尔玛在不同层面的合作。

策略一：吸引优质商家入驻京东平台，为用户提供多样化的商品，与此同时，提升自己的供应链能力、议价能力、物流配送能力。在此次京东与沃尔玛的合作中，沃尔玛的山姆会员店要入驻京东，同时，沃尔玛还要在供应链端与京东合作，帮助京东进口品类丰富的产品等。通过这条策略，京东想要达到的目的是丰富产品品类，增加产品品类的独有性，增强对供应链的掌控，打造差异化的竞争优势。

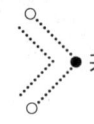
共享新零售：消费升级时代的零售创新路径

策略二：不计成本地投入京东到家。这个策略改变了电商常规的运作模式，具有很大的颠覆性。在京东与沃尔玛合作的所有事项中，最后一项是：中国境地的沃尔玛实体门店将与"达达""京东到家"两个平台对接，前者是京东投资的众包物流平台，后者是京东布局的O2O电商平台。通过打通线上与线下，包括引导线上顾客到沃尔玛线下门店消费，顾客可在"京东到家"平台上选择沃尔玛实体门店中的生鲜商品，为顾客提供生鲜商品配送到家服务，让顾客在2小时之内享受到生鲜产品等。虽然这项内容被放在了最后，但这应该是所有合作项目的重中之重。

在原来的电商模式下，消费者对生鲜、杂货类商品计划性的需求能得到满足。但在现实的生活场景中，消费者对这些商品的需求多是无计划的、场景化的，并且要求商品能在几小时甚至几分钟内送达，电商原有的物流配送体系（中心仓库辐射配送节点）难以满足消费者的这种需求。为此，京东要想介入生鲜、杂货类商品市场，必须构建一套全新的供应链体系，仓储中心、配送节点、服务流程、服务标准等因素都必须重构。

因此，2015年上半年，京东到家正式上线，以全资子公司的身份独立运作，使用社会化的物流体系，以线下超市、便利店为仓储中心与配送节点，将社会大众作为配送员，每完成一单配送服务，京东到家为其支付一定的报酬。此次，京东与沃尔玛的合作表明京东在合并达达、入股永辉超市之后，再一次为京东到家提供有力支持。

总体来看，京东采取的第一条策略是在以原来的电商运作方法构建差异化竞争优势，以缩小和淘宝之间的差距，以对抗淘宝。但是仅借助该策略，京东很难超越淘宝。京东采取的第二条策略则是以生鲜、杂货等战略性品类电商运作模式的创新来获取领先优势，以在与阿里巴巴的对抗中获得胜利。

第8章
新零售背景下,沃尔玛的零售进阶之路

8.2.3 从两者联姻看沃尔玛 O2O 战略

近两年,沃尔玛面临着一系列危机,尤其是在中国市场上,生存异常艰难。为应对市场变化,缓解业务困境,沃尔玛早已开始进行变革。在北美市场,沃尔玛通过创新业务模式,提升顾客的购物体验,使店面的可比收入不断提升。

但在中国市场上,虽然沃尔玛再三强调的 O2O 属性,也通过收购 1 号店,推出"速购"业务来对线上布局,以期实现线上、线下的全面融合。但在国内电商 B2C 市场上,1 号店所占市场份额较少,市场占有率不高。

同时,在线下,沃尔玛在中国市场上的店铺数量仅有 400 多家,相较于美国市场上的店铺数量来说还有很大差距,所以,沃尔玛在中国市场上没有深厚的根基。这就说明,沃尔玛在美国市场上推行的 O2O 模式在中国市场上并不适用,沃尔玛希望以 O2O 模式挽救中国市场业务的想法必将落空。

在自身发展问题之外,沃尔玛还面临着线上竞争对手的威胁,比如天猫超市等的线上业务直接威胁着沃尔玛的核心业务,对于沃尔玛来说,与京东联合的渴望也非常强烈。因为,相较于 1 号店来说,京东在中国 B2C 市场上所占份额仅次于阿里排名第二,最重要的是京东有自己的物流体系,物流配送效率非常高。沃尔玛与京东合作,能帮助其突破物流限制,带动线下业务回暖,推动线上业务发展。

从阿里巴巴、京东这两大电商的发展现状及未来的战略布局可以看出未来电商零售的两大发展趋势。

第一,规模越大的电商将永远保持规模优势,市场竞争将愈发激烈。凡是电商企业都非常注重规模。由于零售行业本身就非常追求规模效应,规模越大,对供应商的议价能力越强,才能以更低的价格获取更优质的商品,才能摊铺更多的

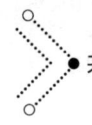

运营费用，才能为消费者提供更多高性价比的产品与服务，其商业模式也才能有更广阔的发展空间，云计算、金融等行业才能获得更好的发展。

这是一个良性循环系统，销售规模的扩张使电商企业的议价能力越来越强，使产品与服务的性价比越来越高，使业务的盈利前景越来越好，使用户体验得以进一步提升，进而带动销售规模越来越大，占据越来越多的市场份额，将其他企业挤出市场。所以，从这个层面来讲，对于零售企业与电商企业，尤其是综合性电商企业来说，规模就是最大的保障。

在过去近20年的发展历程中，电商在不停地追求规模，规模逐渐扩大的企业成了行业的领军者，在电商市场上占据了一席之地；未能率先实现规模扩张的企业将逐渐退出历史舞台，在市场上消失。在3C、服装、图书、美妆等品类中，无论是阿里巴巴的流量体系，还是京东的供应链体系，都表现出了强大的竞争力，形成了一个良性循环体系，挤占了传统零售商与其他垂直类电商的生存空间，形成了双雄争霸的市场格局。

现如今，在标准品类领域，无论是阿里巴巴还是京东，其增长速度都远高于行业平均水平，规模越来越大，已呈现出大者恒大的发展态势。在这种情况下，其他企业也有一定的生存空间，电商行业的竞争将愈发激烈，呈现出千帆竞发的生机勃勃之态。当然，这些企业要想成功生存，就不能再模仿阿里巴巴或者京东的经营之道，必须创新电商运营模式，打造差异化竞争优势，抢占市场。

第二，全渠道零售。以阿里巴巴联盟银泰、苏宁，京东结盟永辉超市、沃尔玛为标志，全渠道零售时代正在悄然来临。现下，谈及零售变革必将提及O2O。目前，关于O2O有两种解释，一是Online to Offline，线上为线下引流；二是Offline to Online，线下反哺线上。无论是哪一种解释，都有一定的局限性。事实上，O2O只是一个阶段性名词。未来，在商业市场上，线上与线下的界限将逐渐模糊，无论是纯电商，还是纯实体零售都将消失，二者将逐渐融合，主流零售商将充分利用所有能与消费者接触的机会进行渗透，变得无处不在。

从零售生态方面来讲，用户的前端接口将有所改变，超级店、社区店、便利店、数字化的客户接触点，比如网店、平板电脑、智能手机、智能家居、可穿戴设备等都将成为新的客户接口，在碎片化及多场景环境下，消费者的购物行为将大幅增加。在整个过程中，不只购物载体会发生变化，随着客户接口的改变，交互方式也将改变，技术发展将呈现出新趋势，最终，商业模式将实现创新，整个零售行业的商业规则将得以重塑。

在规模越大的电商将永远保持规模优势的情况下，将有更多电商平台步入QQ网购、易迅网、1号店等电商企业的后尘，也会有更多电商企业被整合、合并，甚至在电商市场上消失，这些企业可能是当当网、聚美优品、国美在线，也有可能是亚马逊中国。

在全渠道零售态势下，无论是阿里巴巴结盟苏宁、银泰百货，还是京东联盟沃尔玛、永辉超市，都可能只是线上、线下融合的先行者，未来，将有更多线上企业与线下企业融合，对未来的电商零售进行布局。

8.3 竞争战略：沃尔玛的差异化经营策略

8.3.1 经营策略1：差异化的零售价格

自20世纪80年代起，沃尔玛就开始跨过销售代理环节，由厂家直接供货。这样能够将进价降至原来的94%到98%，也就是将销售代理收取的佣金省略掉，然后将进货运输至配送中心，再根据各分店要求进行二度分配。沃尔玛通过这种方式大大降低了自己的库存量，减少了仓储环节的成本消耗。

前总裁大卫·格拉斯认为，沃尔玛成功的重要原因是企业建设了具有竞争优势的配送设施即配送中心。配送中心的存在，给沃尔玛带来了机动性强、配送能力高的物流系统，使得沃尔玛实现了高销售量与低库存成本兼得的系统化配备。

如今，沃尔玛的配送中心总面积达10万平方米，能够担负美国18州的2 500家商城的货物配送，供货量占全公司总商品销售量的85%。这个数据比同行业竞争对手超出25%到30%。目前，沃尔玛在美国市场的物流系统已经实现了对各个地区的全方位覆盖，除了包括配送中心之外，其物流系统还包括难度更高的自动补货及采购管理系统等。

在沃尔玛发展早期，面临凯马特、西尔斯等大型企业的激烈竞争。那时候，凯马特、西尔斯分布的地区主要是大中型城市，他们没有在意小城镇的消费人群。这些商业巨头认为只有人数能达到25 000人的地方才值得开展零售业务，那些小城镇根本没有开店的必要，沃尔玛发现这一机遇，果断出击，从小城镇入手进行市场开拓。

在发展过程中，沃尔玛先从县级地区开始，业务饱和后再延伸至州域，之后再向地区拓展，直至在全国范围内展开布局。沃尔玛的开店标准是，人口到达5 000人就进行业务拓展。沃尔玛利用对手忽略的小城镇，避开了激烈的市场竞争，并实现自身的快速增长。等到竞争对手认识到这个问题时，沃尔玛已经在零售领域建立了稳固的根基，无法被轻易打倒。

沃尔玛的崛起，既与其自身良好的定位策略息息相关，也离不开企业在商品低价方面的坚持。"天天低价"是所有沃尔玛连锁店的经营口号，的确，沃尔玛商场的商品售价普遍低于其他店铺。

沃尔玛追求低成本，低价位的经营策略，努力为消费者提供质优价廉的商品。企业旨在通过自身运营，最大限度地节约消费者的每一分钱。沃尔玛将利润率定位于 30%，比凯马特低了 15 个百分点。沃尔玛公司每周周六都会召开例会，对各个地区的商品售价进行分析，当分店负责人发现沃尔玛的商品售价高于其他店铺时，沃尔玛商城一定会及时下调价格。沃尔玛追求的质优价廉，为它带来了无数的忠实顾客。

8.3.2 经营策略 2：差异化的销售服务

沃尔玛在多年的经营及发展过程中始终坚信，企业要想获得持续性发展，就必须满足顾客的需求。站在消费者的角度来说，要满足其需求就要做到如下两点：一点是质优价廉，还有就是提供完善的服务。仅凭"天天平价"这一点，还不足以体现沃尔玛在战略实施方面的独特性，在低价的基础上结合完善的销售服务，便形成沃尔玛的竞争优势。

在服务顾客方面，沃尔玛对员工强调，要将顾客视为自己的上司与老板。在沃尔玛，新入职的员工都会接受这样的价值培训，即对员工来说，应该服务的对象并不是公司的主管，也不是任何一个经理，员工与经理之间并不存在本质差别，他们都应该服务于公司的顾客，也就是消费者。

因为企业的收入来源于顾客，员工的工资同样是由顾客决定的，只有维系住顾客，才能促使其消费，由此获得自己的生存来源、获得优厚的工资待遇，为孩子的教育做好资金储备。所以，沃尔玛要求员工在为顾客提供服务时，需热情对待顾客的咨询，让顾客感受到自己的需求能够得到重视，为其打造极致的购物体验，照顾到顾客的情绪。

沃尔玛的创始人山姆·沃尔顿认为，员工应该时刻保持友善的工作态度，以积极的心态、良好的服务来帮助顾客，直至高出顾客本身的期望。他对自己的员工充满信心，认为沃尔玛的员工能够凭借其认真、细心的态度，为顾客提供一流的服务，促使顾客成为自己的回头客。

沃尔玛并非只是将"顾客至上"作为吸引人的幌子，也没有仅停留在宣传层面，而是将其贯彻到日常经营过程中，并在此基础上要求员工不断提升自己的服务品质，"要为顾客提供比满意更满意的服务"。沃尔玛在服务顾客方面总结出五项重点原则：

（1）顾客至上。沃尔玛给全体员工做出如下规定：顾客永远是对的。即便顾客本身存在一些问题，员工仍然要根据顾客需求为其提供相应的服务。

（2）日落原则。这个原则是指，沃尔玛分布在所有地区的店铺，无论其运营量多大，工作多么繁忙，但凡是顾客的需求，无论是富商还是平民，经营者都需在日落之前，即当天给予相应的回复，满足其要求，否则就算工作不达标。

（3）三米微笑原则。按照沃尔玛的统一规定，当顾客与员工之间的距离小于三米时，员工就要微笑待之，积极迎接顾客，主动询问他们是否需要帮助。另外，沃尔玛还对员工微笑做了详细规定，要在微笑时露出八颗牙齿。

（4）超越顾客期望值原则。按照沃尔玛的规定，员工需在服务过程中充分照顾到顾客的主观感受，提供超越顾客期望的服务。如果顾客询问商品的摆放位置，员工不能只是简单指出大概位置，或是口头告知，而是应指引并陪伴顾客到达商品所在的具体地点；员工需对自己部门的商品特征、优势、价格等情况有着全面的了解，另外，员工需每天做好熟悉商品的准备工作，帮助顾客全面了解商品信息；在服务态度上，要给予老顾客以特别的关注。除此之外，沃尔玛也没有忽视购物场景的打造，不定期在商场内举办各种优惠活动。

（5）无条件退款。在退货退款方面，沃尔玛尽量做到使顾客满意，并将"无条件退款"原则落到实处，使顾客在做消费决策时可以不用担心后续的退款退货问题。沃尔玛的退货准则如下：无论是顾客缺少收据；若员工不确定顾客的商品是否出自沃尔玛；商品是在一个月之前卖出去的；还是员工怀疑顾客没有合理使用商品而导致其出现问题，都要热情服务，并满足顾客的退货或退款要求。

8.3.3　经营策略3：差异化的企业文化

自公司创建以来，沃尔玛在长期的发展过程中，始终没有忽视对企业文化的打造，通过文化发展推动内部机制的建设与完善，为公司的供应链管理提供理念支持。企业文化建设能够有效提升企业管理的现代化水平，使企业的管理更加灵活，更符合企业自身的特点与发展需求，促使管理者对企业制度进行适当调整等等。

沃尔玛的创始人山姆·沃尔顿提出的三项原则：顾客是上帝、尊重员工、追求卓越，被沃尔玛传承至今，成为改革公司企业文化的核心组成部分。

"顾客是上帝"是沃尔玛一直奉行的经营理念之一，不仅如此，它还被纳入企业文化当中，作为沃尔玛必须遵循的重要价值理念，也是推动沃尔玛走向成功的经营之道。企业文化包含三个层级，分别是：企业精神文化、企业制度行为文化以及企业形象物质文化。

其中，企业精神文化居于中心地位，它是企业价值理念的集中体现。零售企业的发展及运营离不开顾客的支持，山姆·沃尔顿认为，从某种程度上来说，雇佣沃尔顿员工的，并不是该公司的管理层，而是顾客。

因此，"顾客是上帝"作为员工的基本价值理念及行事原则，被践行到日常经营活动中，出于满足顾客需求的目的，员工会积极主动地为顾客提供周到的服务。

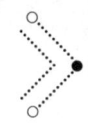

与此同时，沃尔玛提倡员工要帮助顾客省钱。其领导层认为，能够从顾客的角度出发减少资源浪费，就能不断提高企业竞争实力。企业价值观的建立并不像想象中那么简单，在初始阶段，企业领导人要在充分把握企业发展现状及未来趋势的基础上提出来，接下来，要进行持续推广，对全体员工进行价值传递，使其得到普遍认可。

之后，要在建设企业制度时考虑到价值观的呈现，为价值观的切实落地提供制度保障。另外，要善于发掘那些实现企业价值观的员工，并进行表彰，发挥其带动作用。如果发现有员工的行为超出了企业价值观的界定，则需严格按照规定进行处理。在平日里做到奖罚严明，使价值观逐步渗透到员工的思想当中，成为其行为规范与衡量标准。

沃尔玛主张对所有员工都给予足够的重视。在沃尔玛，员工与企业是利益共同体，彼此之间是亲密的伙伴关系。沃尔玛的领导者及管理层人员不会将普通员工视为雇员，而是以"同仁"称呼彼此。

"雇员"与"同仁"显然是不同的，前者是单纯地给企业打工，后者则是与其他公司成员站在同一战线的合作伙伴。沃尔玛在每一个员工的工牌上标刻着"我们的同事创造非凡"这句话，并写明了员工的姓名，但并未标注其具体职务。在沃尔玛，员工的职务之间不存在明显的高低差别，所有人都是以名字相称，员工不会在相处时感到压力。

员工除了为公司做贡献之外，还是公司的合伙人，在这方面，沃尔玛提出很多举措。比如，实施股票购买计划，让员工持股；实施利润分红计划，实现利润共享；制定"员工折扣规定"，还有针对员工子女的奖学金计划等。

在沃尔玛的股票购买计划下，员工可在购买工资股票时享受低于市场价格15个百分点的折扣，购买费用会从员工工资中扣除，从而降低员工投资的难度，增

第 8 章
新零售背景下，沃尔玛的零售进阶之路

加其利润来源渠道。在利润分红计划下，所有工作满一年的员工，只要其一年的工作时长达到 1 000 小时，公司就会为其分配相应的利润。

按照员工折扣规定，员工本人，其丈夫/妻子以及父母，在沃尔玛进行消费时，可以九折的优惠价格买到很多商品。在沃尔玛的"奖学金计划"下，工作年满 12 个月的员工如有即将进入大学的子女，可得到由沃尔顿基金会提供的奖学金。

另外，沃尔玛独创"公仆领导"的人才管理方式，在管理过程中指出，公司经理需要为员工提供发展机会，而不只对其进行管理，对管理层人员提出了更高要求。沃尔玛员工的服务对象是消费者，管理层人员的服务对象则是公司员工。因此，管理者需为员工发展提供支持，关注其成长与进步。

沃尔玛认为，调动员工情绪，就能保障他们为顾客提供优质的服务，因此，企业需善待员工。为了更好地倾听员工意见，沃尔玛实施"门户开放"政策，允许员工可以随时随地向管理人员，甚至是总部负责人反映自己的意见，或者对公司法发展提出建议。沃尔玛相信，通过与合伙人进行深度沟通，让他们进一步了解公司发展，就能促使他们关注企业的发展动向。

与此同时，沃尔玛提倡公司员工通过书信形式向经理层人员反映问题。提高管理的透明度，能够积极引导员工进行意见反馈，密切关注企业发展，提高自身的工作热情。

除了物质奖励奖励之外，沃尔玛也没有忽视从精神层面上激励员工。公司会将优秀员工的照片张贴在橱窗上，另外，员工中表现突出者，会获得沃尔玛授予的"萨姆·沃尔顿企业家"的荣誉名称。

此外，部分退休的沃尔玛员工，身着公司的制服，佩戴公司标志，负责在门外

迎宾，一方面能够有效维持秩序，另一方面这些老员工会为自己身为沃尔玛的一分子而感到骄傲。此外，还吸引了很多顾客前来合影，起到了良好的宣传作用。

8.3.4　经营策略4：差异化的商业科技

零售企业，特别是在世界多个国家及地区都有业务开展的连锁零售，在日常运营过程中都会产生海量的数据信息，包括资金运转信息、物流配送信息等。为了将这些信息进行集中处理，企业就必须运用信息技术手段，实现信息的自动化处理。

只有利用先进的信息网络，才能提高企业在信息统计、供应链管理、销售分析、商品结构管理、产品储存及管理等方面的协同。

作为世界上最大的零售企业，沃尔玛在技术应用方面拥有绝对优势，该公司设置了独立计算机管理系统，并且拥有自己的卫星定位系统和监控系统。从计算机系统的规模上来说，除了美国国防部之外，排在第二位的就是沃尔玛，即便是联邦航天局，在这方面的实力也稍逊一筹。

沃尔玛在世界各地的连锁店分布总体数量超过4 000个，只要管理层有需要，可以在任何时间查看这些商店的产品供应、出售及库存数量等相关信息。事实上，沃尔玛自1968年以来，一直采用电脑进行货品信息处理。

该公司于20世纪80年代启动EDI（电子交换系统）实现电子化订货管理。该系统的应用，不仅能够方便企业进行产品采购，还能将产品销售现状及时提供给供应商，便于其提前安排生产，组织供货。

沃尔玛于1987年通过休斯敦公司将自己投资的商用卫星送到太空，通过打造独立卫星系统完成了世界各地的互联互通，实现不同地区之间的信息传递，并

第8章
新零售背景下,沃尔玛的零售进阶之路

为车辆定位提供了信息化支持。沃尔玛建立的民间数据库规模在全球排名第一,其内部的数据联络总量在一天之内就接近1.5亿个字节。

数据资源的涵盖范围十分广阔,既有商品供应信息、商品配送信息、货品存储、消费者行为数据,也有公司的管理成本统计、经营状况及趋势把握等等。该公司的卡车总数超过5 000辆,通过接入卫星定位系统,可供管理者随时查看汽车当前所在方位、运输的产品类型、行使方向等。可通过互联网的应用规划行驶路线,节省运输时间,还能有效降低总部与连锁机构的沟通成本,实现信息在短时内的通达,加速整体运转。

配备计算机管理系统后,企业能够掌握所有商品的销售情况。沃尔玛总部可在60分钟之内对所有连锁店的商品存、销售、供应情况做到一目了然。通过信息流管理,企业不仅可以分析商品的销售情况,还能对商品的利润空间、总体运营、店铺的客流量、整体发展走向、财务运转情况等做到心中有数。沃尔玛总部的负责人借助于信息系统,能够在任何时间查看全球所有连锁店的经营形势,明确店铺当前热销的产品种类,选择最佳采购渠道,并掌握商品的利润获取情况。

当店内某种产品的库存下降到预设数量时,信息系统会自动告知店铺管理者应该进行货品补充,避免出现缺货的现象。总部会根据店铺所在位置找到其周边的配送部门。之后,配送部门会采用网络系统规划运输路线,进行货品配送,整个过程所用的时间会控制在一天半之内。

通过采用自动化供应链管理系统,沃尔玛不仅能及时了解产品销售情况,避免货物囤积,还能在产品存储量减少时及时完成后台供应,避免商品销售紧缺,减少库存环节的成本消耗,提高总体资金周转速度。由此可见,沃尔玛通过使用信息化技术,实现了店铺销售与供应及产品运输方面的协同一致,使其拥有足够的竞争力能够成为世界级零售巨头。

微 名 录

本书作者周高云老师

本书作者齐建朋老师

本书作者方水耀老师

奥丽侬创始人何炳祥先生

梧桐本色服饰创始人刘建新先生

微谷营销培训
——共享商业模式培训

韩馨品牌创始人古桢华先生

广州亲感觉品牌创始人高明宝先生

佛山茵蔚服饰许大庆先生

玛尚门窗创始人唐裕民

开星晓厨烘焙学院创始人王东坡

7天好闺蜜——女人例假伴侣

纤丽媛服饰创始人贺庚元　　7天好闺蜜——女人例假医生王满丽　　华迈净水机"0"元购创始人李剑平

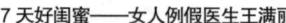

共享模式推动人陈建祺　　绿家园去甲醛创始人冯维武　　琴米欧品牌开创人李想

模式哥哆咪信用卡运营总裁周常荣　　安美拉创始人丁荔荔　　韩馨品牌创始人古贞桦

姿篇刘蝶

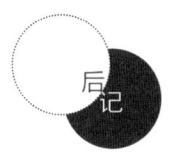

后记

在本书写作过程中，作者周高云老师、齐建朋老师得到了很多朋友的大力支持，他们是奥丽侬集团何炳祥先生，缪斯的诱惑颜伟鸿先生，梧桐本色刘建新先生、苏银先生、蔡全玉女士，怡兰芬少女内衣柯庆海先生，亲感觉高明宝先生，茴蔚服饰许大庆先生，爱戴·爱美、韩馨陈兆柱先生、古桢华先生，娅筑、筑妍和姿篇创始人刘蝶先生，纤姿蒂吴国华先生，奥尔黛丝吴华先生，华迈净水机李剑平先生，潜能培训老师刘秉泓先生，微谷营销共享模式推动人陈建祺先生，微谷营销共享设计师邹锦文，绿家园去甲醛创始人冯维武先生，内衣云胡风明、胡川徽先生，蜘蛛网校创始人刘志先生，琴米欧创始人李想夫妇，模式哥哆咪信用卡代办周常荣先生，儒派风水开创人罗生，苏湘源红木家具创始人彭期龙先生，新世家族创始人马庆渲先生，品牌推手蓝玉坪，自由音乐人吴天世先生，内衣贴牌大王周晓军先生，文武实业高管曾令文女士，米兰酒屋肖华女士，互联网女神周德生，社群营销专家曾爱平，奥杰莉蔡达先生，一朵野花匡子墨先生，快消品职业经理人叶富国先生，高胜咨询丁佰胜，网约车创始人黄宇，纤丽媛创始人贺庚元，安尔娜内衣颜伟鸿，植物旋律林春晓、姜平，毅美体雕，万能码，粤港童颜艾产品刘香，千宸内衣张良先生，索芙特集团张桂珍，社群营销专家吴国梁，巧巧化妆品公司孙家明，电镀加工专家王华成，从本"3秒提神饼"黎成松，速智达培训朱钦河，玛尚门窗唐裕民，艾摩侬培训总裁谢滨，浙江依莎服饰公司朱朝阳，未来派运营总裁荆芳，一站式可拆卸道具创始人文世忠，江苏皇甫服饰皇甫大姐，健之豪内裤创始人曾祥豪，正丰食品、+脂-创始人曾亚伦，大象装修姚吉，速塑创始人王国辉夫妇，骐骥大健康创始人周东炜，五知行大健康创始人吴祥传、吴冠毅，聚星传媒陈刘，内衣频道周德生，恩师湖南汉青文化董事长彭世满先生，四川红红红内衣胡新平先生，FIVEER化妆品程丽芳女士，浙江你的课网络科技陈惠兵，家酿酒宋燕斌先生、蚕的诱惑卫生巾刁宸宇先生，爱戴时尚内衣周绪泽先生，新美婷内衣张加钦先生，梦含黄奕金先生，立妃卫生巾陈菲女士，森视设计黄炎森先生，深圳蓝月亮何月珍女士，香港卡罗蜜内衣连锁曾海利先生，开星小厨王东坡先生，创雅诺何诗敏小姐，纳芙夫人管恩杰先生，夏尚文先生，浙江博仁服饰吴有良先生，唯尚企划彭军先生，润达会计事务所庄爱民先生，网络营销专家郑俊雅先生，腾领袖创始人张朝豪先生，玲珑创意空间罗顺兴女士，南昌永兴隆服饰张晶、林笑星夫妇，生平培训公司涂生平，广善科技陈毅兵先生，浙江洁丽雅股份林喜先生，赫尔·简形象设计师周美容女士，佛山富德源珠宝有限公司李牧祥先生，品牌推手蓝玉坪，优养+方凯潼，爱戴内衣周绪泽先生，安美拉创始人丁荔荔，纯五季茶油程春华先生，玖琦养生衣中国区总裁张丽女士，春秋养生衣创始人欧阳友辉先生，云山邨农特产品购物平台陈永红先生，香港风尚内衣连锁王建华夫妇，佛山正丰食品曾树林，雅丝琳内衣连锁董事长虞国仁，天资帼色健康内衣创始人之一刘金丽，植草镇纯中药化妆品创始人杨杰，3秒发热打底暖衣创始人吴名涛先生，昆明针织总经理丁俞文女士，中山臻达进出口有限公司销售总监：陈新花，夏尚文，美速张春辉，圣代照片唐晓菊，永恒诱惑、FIVEER曾春花等（排名不分先后），还要感谢好朋友阳显玉、钟尚宏、王华成，感谢他们的不遗余力的支持，才有本书的出版。同时，也感谢王景先生及其团队日夜兼程地审稿、修改，才能让本书顺利出版！